Michael Heymel

Das Johannesevangelium heute lesen

TVZ

bibel **heute lesen**

Die Johannesoffenbarung heute lesen, Michael Heymel, Zürich 2018
Das Markusevangelium heute lesen, Klaus Bäumlin, Zürich 2019

Michael Heymel

Das Johannesevangelium heute lesen

TVZ
Theologischer Verlag Zürich

Der Theologische Verlag Zürich wird vom Bundesamt für Kultur mit einem Strukturbeitrag für die Jahre 2021–2025 unterstützt.

Bibliografische Information der Deutschen Nationalbibliothek
Die Deutsche Nationalbibliothek verzeichnet diese Publikation in der Deutschen Nationalbibliografie; detaillierte bibliografische Daten sind im Internet über http://dnb.dnb.de abrufbar.

Umschlaggestaltung
Simone Ackermann, Zürich
Unter Verwendung des Bildes «Trauernder Evangelist Johannes. Ca. 1310–1320», von Deodato di Orlando, in Lucca nachweisbar zwischen 1284 und 1315. Masse: 54,3 x 43,1 cm, Pappholz, Städel Museum, Frankfurt am Main, Foto: © Städel Museum – ARTOTHEK

Druck
gapp print, Wangen im Allgäu

ISBN 978-3-290-18302-8 (Print)
ISBN 978-3-290-18303-5 (E-Book: PDF)

2. Auflage 2025
© 2020 Theologischer Verlag Zürich
www.tvz-verlag.ch

Alle Rechte vorbehalten

Inhalt

Einleitung 7

Zur Rezeption in Kunst und Musik
1. Christliche Kunst 15
2. Kirchenlied und Passionsmusik 19

Zur Wirkungsgeschichte
1. Altertum 23
2. Reformation und Neuzeit 25

Probleme der Auslegung
1. Feindliche Welt – Wer sind «die Juden»? 31
2. Antijüdisch und jüdisch zugleich 33
3. Die johanneische Gemeinde 35
4. Die Rolle der Frauen 37

Die Eigenart des Johannesevangeliums
1. Literarische Besonderheiten: Sprache, Leitworte, Erzählstil . . 41
2. Theologische Konzeption 43
3. Verfasser und Adressaten 46
4. Ort und Entstehungszeit 47
5. Entstehung und Aufbau 50
6. Das Evangelium als Drama 52

Eine Hinführung zum Glauben an Jesus

1. Prolog 55
2. Johannes der Täufer 59
3. Sieben Zeichen der Herrlichkeit 62
4. Der Todesbeschluss des Hohen Rates 78
5. Die Tempelreinigung 80
6. Vor dem Laubhüttenfest 81
7. Begegnungen 87
8. Selbstoffenbarung: Die Ich-bin-Worte 104
9. Die Salbung Jesu in Betanien 113
10. Einzug in Jerusalem 115
11. Ankündigung der Verherrlichung Jesu 116
12. Jesu Abschied von den Seinen 120
13. Szenen der Passion 133
14. Szenen der Auferstehung 145
15. Schlussworte 152

Zusammenfassung

1. Wie man das Johannesevangelium lesen kann 157
2. Ein Buch für Anfänger und Fortgeschrittene 160

Glossar 163

Literatur

Zum Neuen Testament im Allgemeinen 167
Zum Johannesevanglium und seiner Wirkungsgeschichte . . . 168
Weitere Literatur 172

Einleitung

«Im Anfang war das Wort …» (Joh 1,1). Wer das vierte Evangelium liest, tritt ein in eine besondere Textwelt, in der die Geschichte Jesu noch einmal völlig neu und anders erzählt wird als in den drei synoptischen Evangelien des Neuen Testaments (Matthäus, Markus und Lukas). Im Vergleich zeigt sich eine Reihe bemerkenswerter Unterschiede: 1. Johannes beginnt nicht wie Matthäus und Lukas mit Geburts- und Kindheitserzählungen, sondern mit einem Prolog (Joh 1,1–18), aus dem die Lesenden von Jesu himmlischer Herkunft und seinem göttlichen Wesen erfahren. 2. Die folgende Erzählung hat einen anderen geografischen und chronologischen Aufriss als die Erzählungen der Synoptiker. Dort dauert Jesu öffentliche Wirksamkeit nur ein Jahr und konzentriert sich auf Galiläa. Im Johannesevangelium dagegen wechselt das erzählte Geschehen zwischen Jerusalem und Galiläa. Johannes nennt drei Passahfeste (Joh 2,13.22; 6,4; 11,55 mit Joh 12,1 und 18,28), setzt also voraus, dass Jesus mehr als zwei Jahre wirkt. 3. Alles drängt von Anfang an auf die «Stunde» (Joh 2,4) der Erhöhung Jesu am Kreuz und seine Verherrlichung im Tod für die Seinen. 4. In einem deutlich anderen Rahmen finden sich neben synoptischen Überlieferungen auch Partien, die nur im Johannesevangelium vorkommen: Erzählungen von der Hochzeit zu Kana (Joh 2,1–11), der Heilung des Lahmen am Teich Betesda (Joh 5,1–9), der Heilung des Blindgeborenen (Joh 9) und der Auferweckung des Lazarus (Joh 11). Hinzu kommen Dialoge Jesu mit Nikodemus (Joh 3,1ff.; vgl. 7,50f. und 19,38ff.) und der Samaritanerin (Joh 4,4ff.) sowie lange «Offenbarungsreden» Jesu, die oft in einem «Ich-bin-Wort» gipfeln. 5. Wundergeschichten mit Exorzismen und Gleichnisreden fehlen, von der Einsetzung des Abendmahls wird nicht berichtet. Wie sind all diese Besonderheiten zu erklären?

Bei einer fortlaufenden Lektüre des Johannesevangeliums fallen überdies ungelöste Schwierigkeiten (Aporien) auf, die darauf hindeuten, dass das Werk keine geschlossene, widerspruchsfreie Einheit bildet. Zwei Beispiele genügen: Die erste Abschiedsrede (Joh 13,31–14,31) schliesst mit den Worten: «Und nun steht auf, wir wollen gehen!» (Joh 14,30f.), woran sich gut Johannes 18,1ff. anschliessen würde. Demgegenüber erscheinen die Kapitel 15–17 als unmotivierte Anhänge. Nach dem ursprünglichen Buchschluss (Joh 20,30f.) folgt Kapitel 21, das von den meisten Exegetinnen und Exegeten als Nachtrag von anderer Hand beurteilt wird.

Die Exegese der letzten 100 Jahre hat sich bemüht, «die Eigenart des Johannes in formeller wie in inhaltlicher Hinsicht gegenüber den Synoptikern und auch gegenüber den anderen urchristlichen Schriften» (Thyen 1988, 201) zu charakterisieren. Dabei versuchte sie vielfach, auf dem Weg der Literarkritik die *Vorgeschichte* des johanneischen Kreises (Evangelium und Johannesbriefe) zu erhellen und eine womöglich aus mehreren Quellen zusammengesetzte «Grundschrift» zu rekonstruieren, aus der ein kirchlicher Redaktor oder Bearbeiter dann den heute vorliegenden Text des Johannesevangeliums geschaffen habe. Erst er habe die ursprünglichen Teile, gemäss seiner eigenen theologischen Konzeption, in der heutigen Reihenfolge angeordnet.

Ein Musterbeispiel dafür bietet Rudolf Bultmann in seinem Kommentar zum Johannesevangelium. Er meinte, einen hinter dem

Text stehenden «gnostischen Erlösermythos» (Bultmann 1941, 38) erkennen zu können, den der Evangelist auf seine Weise entmythologisiert und interpretiert habe. Bultmann rekonstruiert eine gnostische «Offenbarungsreden-Quelle» des Evangelisten, an der er den Mythos nachweisen und mit dessen Hilfe er die Sprache des Evangeliums entschlüsseln zu können glaubte. Für ihn geht es bei Johannes zunächst um das anstössige Paradox, dass Gott in einem Menschen begegnet (vgl. Joh 1,14). Es fordere den Menschen heraus, sich zwischen weltverfallener und zukunftsoffener Existenz zu entscheiden und den Anstoss im Glauben zu überwinden. In seinem Verständnis sowohl der Menschwerdung Gottes als Paradox wie des Glaubens, den er existential als Entweltlichung und radikale Offenheit für die Zukunft interpretiert, schliesst sich der Exeget eng an Gedanken des dänischen religiösen Philosophen Sören Kierkegaard («Philosophische Brosamen») an.

Das Problem literarkritischer Arbeit besteht darin, dass Grundschrift und Redaktion sich nur auf der Basis hypothetischer Voraussetzungen unterscheiden lassen, und die Exegese dazu tendiert, ein rekonstruiertes Gebilde statt der Endgestalt des Evangeliums zu interpretieren. So leitet der Ansatz des Interpreten dazu an, *hinter* den Text zurück zu gehen und sich primär mit dem Referenzrahmen und den Konstrukten des Interpreten statt mit dem zu interpretierenden Text zu befassen. In den letzten Jahren hat sich daher mehr und mehr die Einsicht durchgesetzt, dass derartige Rekonstruktionen für das Verstehen des vorliegenden Texts wenig beitragen. Für die Interpretation sei es fruchtbarer, von der *Einheitlichkeit* des Johannesevangeliums auszugehen (so z. B. Thyen, Wengst und Berger).

Das bedeutet nicht, dass es eine bruchlose literarische Einheit bildet, sondern lediglich, dass es als kohärenter Text in seiner

Endgestalt ernst genommen und verstanden sein will. Seine unterschiedlichen Formen und Textsorten stehen im Dienst einer bestimmten Aussageabsicht. Johannes überliefert seinen Lesenden «Zeichen» und Reden Jesu, «damit ihr glaubt, dass Jesus der Christus ist, der Sohn Gottes, und damit ihr, weil ihr glaubt, das Leben habt in seinem Namen» (Joh 20,31). Für welche Hörer- und Leserschaft ist sein Evangelium ursprünglich bestimmt? Um diese Frage zu beantworten, sind der historische Ort der Gemeinde, für die es geschrieben wurde, seine Entstehung und Abfassungszeit zu ermitteln.

Die These, von der hier ausgegangen wird, lautet: Das Johannesevangelium hat die Situation der johanneischen Gemeinde, die sich vom pharisäischen Judentum bedrängt und aus der Synagoge ausgeschlossen sah, in die erzählte Geschichte Jesu *zurückprojiziert*. Oder, von der anderen Seite her verstanden: Es hat die Geschichte Jesu für die johanneische Gemeinde als eine *heute* sich ereignende Geschichte erzählt, sodass Jesus für die bedrängte Gemeinschaft seiner Freunde präsent ist. Ein solches Erzählen unterscheidet sich von der Erzählweise moderner Historiker. Es will nicht darstellen, wie es einmal gewesen ist, schon gar nicht mit dem Anspruch der Objektivität, sondern aus der Sicht Beteiligter *für Beteiligte* zeigen, was durch Jesus Christus, in der Begegnung mit ihm geschieht und sich mitteilt. Die Erzählung spiegelt die Gegenwart, indem sie die Geschichte Jesu als aktuelles Geschehen erzählt.

Solch *reflektiertes Erzählen* ist charakteristisch für das Alte Testament, insbesondere in der für das Volk Israel konstitutiven Befreiungsgeschichte des Exodus aus Ägypten (vgl. Ex 12–15). Vom Auszug der Israeliten aus Ägypten soll so erzählt werden, dass jede Generation sich fühlt, als sei sie gerade aus der Sklaverei in die Freiheit ausgezogen (*Pessach-Haggada*). Ein Stilmittel, um diese Präsenz des Geschehens zu betonen, ist der Gebrauch der Worte «heute», «jetzt» und «nun», wie er auch in den synoptischen Evangelien (etwa bei Lukas) vorkommt. Damit stellt sich die Aufgabe, den für das Johannesevangelium charakteristischen Rede- und Erzählstil zu beschreiben und zu zeigen, welche Stilelemente darin aus jüdischer Tradition sowie aus anderen kulturellen Einflüssen des kleinasiatischen Raums aufgenommen wurden.

Aus diesen Vorüberlegungen ergibt sich, für welchen Weg ich mich entschieden habe, um das Johannesevangelium für Interessierte zu erschliessen. Da der Zugang zu einem Bibeltext immer schon durch seine Wirkungsgeschichte beeinflusst ist, wird zunächst erinnert an Beispiele für die Rezeption des Johannesevangeliums in Kunst und Musik und an wichtige Stationen seiner Wirkung in der Kirchengeschichte. Für manche sind es gerade Werke der bildenden Kunst oder Musikstücke, die ihnen einen ersten Zugang zum Evangelium eröffnen. Sodann werde ich Probleme der heutigen Auslegung ansprechen, die entweder den eigenen Zugang zu Johannes blockieren oder bei einer von gängigen Wahrnehmungsmustern geleiteten Lesart der Texte leicht übergangen werden. Was meint Johannes mit dem Begriff «Welt»? Wie ist seine typisierende Rede von «den Juden» und seine oft negative Darstellung der Juden zu verstehen, zumal sein Evangelium wie kein anderes tief im Judentum und der jüdischen Bibel verankert ist? Wie kann man sich die Gemeinde vorstellen, für die das vierte Evangelium geschrieben wurde? Und welche Rolle spielen Frauen in seinen Texten: Frauen wie die Mutter Jesu, die Samaritanerin am Jakobsbrunnen, die Schwestern Maria und Marta und Maria Magdalena?

Nach einer vorläufigen Klärung dieser Fragen werde ich möglichst genau die Eigenart des Johannesevangeliums als literarisches Werk in den Blick nehmen, bei dem Form und Inhalt eine unauflösbare Einheit bilden. Seine Sprache, Leitworte und erzählerischen Stilmittel stehen im Dienst einer bestimmten theologischen Konzeption, die kurz skizziert werden soll. Weiter sind die klassischen Einleitungsfragen zu behandeln: nach Verfasser und Adressaten, Ort und Entstehungszeit, Entstehung und Aufbau. Johannes erzählt die Geschichte Jesu in dramatischer Form («dramatische Historie»), d. h. in einer Folge von Szenen an wechselnden Orten, wobei Dialoge und Reden wesentliche Teile der Handlung sind. Deshalb schlage ich vor, sein Evangelium als Drama zu verstehen.

Im Hauptteil des Buchs werden nur diejenigen Abschnitte erklärt, die für das vierte Evangelium charakteristisch sind. Auf diese Weise tritt das Besondere des Johannes im Unterschied zu den Synoptikern hervor. Es wird nach dem Prolog vor allem anhand der sieben Wundertaten erkennbar, die als «Zeichen» der Herrlichkeit Jesu verstanden werden, ferner in Begegnungen und Selbstoffenbarungen Jesu, die in sogenannten «Ich-bin-Worten» gipfeln, in seinen Abschiedsreden an die Jünger und zuletzt in den Szenen, die sein Leiden, Sterben und sein Erscheinen als Auferstandener darstellen.

Abschliessend werde ich einige Lesehinweise geben und erläutern, inwiefern das Johannesevangelium ein Buch für Anfänger und Fortgeschrittene ist. Wichtige Begriffe werden in einem Glossar erläutert.

Die hier vorgelegte Einführung wendet sich an alle Interessierten, die sich – allein oder in einer Gruppe – in die Textwelt des vierten Evangeliums vertiefen wollen. Sie setzt kein exegetisches oder theologisches Fachwissen voraus, nur die Bereitschaft, die Bibel lesen zu lernen. Worauf kommt es dabei an? Der kürzlich verstorbene israelische Schriftsteller Amos Oz (1939–2018) hat einmal gesagt: «Literatur lässt den Leser fragen: Was würde ich tun, wenn ich er oder sie wäre?» Genauso begegnet einem auch das Johannesevangelium: als ein literarisches Werk, das herausfordert zu fragen: Was würde ich tun, wenn ich eine der Personen wäre, von denen hier erzählt wird? Wie würde ich mich verhalten?

Nach Erscheinen der Erstauflage dieses Buchs wurde ich auf eine befreiungstheologische Auslegung des Johannesevangeliums aufmerksam gemacht, die der Niederländer Ton Veerkamp vorgelegt hat. Veerkamp liest das vierte Evangelium konsequent als jüdisch-messianische Schrift, die im Kontext des politischen Kampfs zu verstehen sei, der im ersten Jahrhundert im Namen von Israels Gott gegen die römische Weltordnung geführt wurde. Indem er klar zwischen dem Text und seiner Wirkungsgeschichte unterscheidet, vermeidet er das folgenschwere Missverständnis, das die Lektüre dieses Evangeliums über Jahrhunderte belastet hat, es sei gegen die «ungläubigen» Juden gerichtet. Ich verweise auf seine Lesart, weil sie eine wichtige Perspektive in die Diskussion über das Johannesevangelium einbringt.

TVZ Theologischer Verlag Zürich
www.tvz-verlag.ch

Atmen, wahrnehmen, staunen

Schilf, Blumen, Bäume, Tiere und Pilze. Alles ein grosses Geflecht von Beziehungen – und wir Menschen mittendrin. Macht man sich in dieser umfassenden Grundhaltung auf den Weg durch die Natur, durch die Schöpfung, lässt sich viel erleben. «Lernt von den Blumen!» leitet an, wie man staunen, Blüten beobachten, Blätter befühlen, Erde ertasten und dem Wind zuhören kann.

Dirk Woltmann ist schon sein Leben lang unterwegs in der Natur. Er gibt konkrete Tipps und hilfreiche Kniffs und lässt dabei immer genug Raum für andere Zugänge.

Ein Buch voller Poesie,
das Lust macht,
sich in ungeschnittenes
Gras zu legen.

T V Z
orientiert reformiert

Dirk Woltmann

Lernt
von den
Blumen!

Atmen, wahrnehmen, staunen
Achtsamkeit und Spiritualität in der Natur

Ihre Bestellungen und Ideen sind jederzeit willkommen.

- ___ Expl. von Dirk Woltmann, Lernt von den Blumen!
  ISBN 978-3-290-18689-0, CHF 19.80 – EUR 19.80

- ☐ Post aus dem Verlag zu weiteren Neuerscheinungen
  (3 × im Jahr)

- ☐ Newsletter, direkt aufs Handy oder in die Mailbox
  (monatlich)

- 💡 Ideen an info@tvz-verlag.ch

Name

Strasse

PLZ/Ort

E-Mail-Adresse

TVZ Theologischer Verlag Zürich
Schaffhauserstrasse 316
8050 Zürich
Schweiz

Zur Rezeption in Kunst und Musik

1. Christliche Kunst

Der Evangelist Johannes wird meist als junger, bartloser Mann und dargestellt, nur die italienische Malerei des 15./16. Jahrhunderts zeigt ihn als bärtigen Alten. Auf alten Münzen erscheint er mit den Attributen Buch und Kelch. Als sein eigentliches Symbol gilt jedoch der Adler. Diese Deutung geht auf Hieronymus (4. Jh.) zurück, der Visionen des Propheten Ezechiel (Ez 1,10) und des Sehers Johannes (Offb 4,6–8) von vier geflügelten Wesen mit den vier Evangelisten verband. Die Kirchenväter ordneten Johannes dem Adler zu, da er sich in einem einzigartigen spirituellen Höhenflug dem «wahren Licht» der Göttlichkeit des Logos nähert, von dem er gleich zu Beginn des Evangeliums spricht. In manchen Kirchen finden sich daher auch Lesepulte, die von einem Adler getragen werden.

In der Bibel symbolisiert er die Fürsorge Gottes für die Glaubenden, die er «auf Adlersflügeln» (Ex 19,4) trägt, und die Erneuerung jugendlicher Kraft durch Gott (Ps 103,5; Jes 40,31). Da der Adler – so Aristoteles, vermittelt durch Thomas von Aquin – beim Aufstieg direkt in die Sonne blickt, galt er für Christinnen und Christen als Vorbild in Kontemplation und spiritueller Erkenntnis.

Es sind vor allem die Sprachbilder von Jesus Christus im Johannesevangelium, die Künstlerinnen und Künstler zu bildlichen Darstellungen angeregt haben, beispielsweise der «gute Hirte» und das «Lamm Gottes». Ebenso haben einzelne Szenen, Personen und Motive in der bildenden Kunst vielfältigen Ausdruck gefunden, so etwa die Hochzeit in Kana, Nikodemus, die Samaritanerin am Jakobsbrunnen, die Auferweckung des Lazarus, Jesus vor Pilatus, Maria und Johannes unter dem Kreuz und das Erscheinen des auferstandenen Jesus vor Maria Magdalena.

Der gute Hirte (Joh 10) ist bereits auf einer Malerei der frühchristlichen Priscilla-Katakombe in Rom (um 250–350) und auf einem Mosaik im Grabmal der Galla Placidia in Ravenna (um 450) dargestellt. Die frühen Darstellungen der Hochzeit in Kana konzentrieren sich auf das Wunder der Verwandlung von Wasser in Wein. Christus berührt die Wasserkrüge mit einem Stab oder seinem Zeigefinger. Erst spätere Gemälde zeigen auch Maria, einige Jünger und weitere Hochzeitsgäste, Christus rückt in den Hintergrund (etwa bei Duccio di Buoninsegna, Maestà, Altarretabel im Dom zu Siena, 1308–1311; Giotto di Bondone, 1304–1306).

Auf einer kleinen Federzeichnung von Rembrandt ist «Nikodemus bei Jesus in der Nacht» (um 1660, Rotterdam) zu sehen, ein vornehmer Pharisäer mit Turban, der an der Wand einen grossen Schatten wirft. Fritz von Uhde (Ölgemälde, ca. 1896) versetzt die Szene in ein bürgerliches Zimmer seiner Zeit, Nikodemus erscheint als protestantischer Pfarrer.

Häufig wurde das Gespräch Jesu mit der Samaritanerin (Joh 4) dargestellt, etwa von Angelika Kauffmann (1796, Neue Pinakothek, München), die ein jüngeres Bild ihrer selbst in der Frau auftreten lässt, die Jesus forschend anschaut. Eine ungewohnte Perspektive nimmt der Priester und Künstler Sieger Köder (1925–2015) ein, wenn er die Frau am Jakobsbrunnen von unten, aus dem Brunnenschacht gesehen, zeigt: Sie schaut von oben herab in den Brunnen, auf der hellerleuchteten Wasseroberfläche unten ist jedoch neben ihrem Gesicht das Gesicht Jesu zu sehen. Ein frühchristliches Beispiel für die Gestaltung von Johannes 11 ist die Wandmalerei in der Giordani-Katakombe in Rom (Mitte 4. Jh.): Jesus, in eine römische Toga gekleidet, weist mit einem Stab auf das Steingrab, in dessen Eingang der mit Tüchern verhüllte Lazarus erscheint. Während Giotto (Fresko, um 1295, Kirche San Francesco, Assisi) in einer Szene von grosser Ruhe den auferweckten Lazarus vor dem Grab und Christus mit ausgestrecktem Arm ihm gegenüber zeigt, heben andere Maler die machtvolle Geste Jesu und die Dramatik des Geschehens hervor (Rembrandt, Radierung, um 1632, Albertina Wien; Salvator Rosa, Ölgemälde, undatiert).

Auf griechischen Ikonen begegnet das aus Johannes 15,1–6 abgeleitete Motiv «Christus, der wahre Weinstock»: Sie zeigen Christus mit der geöffneten Schrift in der Mitte eines Weinstocks, umgeben von den Aposteln. Sie sind die «Reben», die in Verbundenheit mit ihm leben. Die westliche Kunst hat dieses Christussymbol kaum je dargestellt (Ausnahme ist die Stiftskirche St. Castor zu Karden, 17. Jh.).

Ältere Bilder der Schaustellung Jesu (Joh 19) aus dem 15./16. Jahrhundert zeigen die Szene oft von der Seite gesehen: links der Schmerzensmann mit Dornenkrone, rechts die Menge der Zuschauer, manche gestikulierend und mit abstossenden Fratzen (z. B. Hieronymus Bosch, um 1475/85, Städel Museum, Frankfurt). Ganz anders das im Jahr 1925 von Lovis Corinth gemalte Bild «Ecce Homo» (Ölgemälde, Kunstmuseum Basel), auf dem Jesus zwischen Pilatus und einem Soldaten zu sehen ist. Den Betrachtenden wird die Perspektive der Volksmenge zugewiesen. Jesus trägt ein blutrotes Gewand, sein Gesicht ist blutüberströmt, die Arme sind von Wunden gezeichnet. Pilatus erscheint als Arzt im weissen Kittel.

Eine Reihe von johanneischen Motiven ist an der um 1160 entstandenen Bilderdecke der Kirche St. Martin in Zillis/Graubünden in romanischen Malereien dargestellt, u. a. die Hochzeit in Kana, die Heilung am Teich Betesda (Joh 5,2–9), Christus und die Samaritanerin und die Auferweckung des Lazarus.

Mehrere Motive aus dem Johannesevangelium verbindet auch der berühmte Flügelaltar (1512–1516), den Matthias Grünewald für das Isenheimer Antoniterkloster geschaffen hat. Der Altar war Zentrum eines Hospitals. Alle Kranken wurden zu Beginn ihres Spitalaufenthalts dorthin gebracht und hatten die Altarbilder während des Gottesdienstes vor Augen. Der geschlossene Altar, der im Kloster- und Hospizalltag gewöhnlich zu sehen war, zeigt Figuren in Lebensgrösse, links Maria und Johannes unter dem Kreuz (Joh 19,25–27), in der Mitte den Gekreuzigten, der als «hässlicher Christus» (Huysmans, 96) den von ekelhafter Krankheit Entstellten gleicht, und rechts Johannes, den Täufer, der mit übergrossem Zeigefinger auf Jesus, das wahre Passahlamm, weist (Joh 1,36). Zu Füssen des Täufers steht das den Kreuzstab haltende Lamm, dessen Blut ein Kelch aufnimmt.

Auf ganz besondere Weise hat Martin Schongauer die Erscheinung Jesu (Joh 20,11–18) ins Bild gesetzt. Er lässt den Auferstandenen in zierlichen Tanzschritten an Maria Magdalena vorübergehen (auf der Altartafel «Noli me tangere» von 1462/65, Unterlinden-Museum, Colmar) und nimmt damit das Motiv des tanzenden Christus auf, das schon bei frühkirchlichen Autoren wie Clemens von Alexandria und in den apokryphen Johannesakten (Act Ioh 94–97) auftaucht.

Überblickt man diese Darstellungen johanneischer Motive aus den Epochen der Kunstgeschichte, fällt auf, dass sie – bis auf die Ikonen, die Jesus zeitlos auf Goldgrund zeigen – Szenen des Evangeliums stets in ihre jeweilige Gegenwart transportieren. Die christliche Kunst des Westens setzt immer das Evangelium *für heute* ins Bild: Jesus begegnet den Betrachtenden als Zeitgenosse, nicht als historische Gestalt.

2. Kirchenlied und Passionsmusik

Für die Rezeption des Johannesevangeliums im deutschsprachigen Kirchenlied können hier nur wenige Beispiele genannt werden. Die vierte Strophe in Luthers «Gelobet seist du, Jesu Christ» (EG 23; RG 392) ist bestimmt von der Lichtthematik des Johannes (Joh 1,5.12; 12,36), die fünfte folgt der typisch johanneischen Doppelbewegung des In-die-Welt-Kommens und Wieder-aus-der-Welt-zum-Vater-Gehens. «Jesus lebt, mit ihm auch ich» (EG 115; RG 482) variiert Johannes 14,19b: «Ich lebe, und ihr sollt auch leben». Zinzendorfs «Herz und Herz vereint zusammen» (EG 251; RG 793) besingt in poetischer Form die brüderliche Liebe, die der johanneische Jesus, «Meister» und «holder Freund», seinen Jüngern geboten hat, und weist in der letzten Strophe voraus auf die Einheit aller (Joh 14,15–21; 15,1–17; 17,20–26). Das Tauflied von Benjamin Schmolck «Liebster Jesu, wir sind hier» (EG 206) zitiert in der zweiten Strophe Johannes 3,5 (Neugeburt durch Wasser und Geist) und nimmt in Strophe 4 die johanneischen Bilder vom Hirten und seinen «Schäflein» sowie vom Weinstock und den Reben auf. «Weil ich Jesu Schäflein bin» (EG Bayern 593) verbindet Psalm 23 mit Jesu Rede vom guten Hirten (Joh 10), «der mich kennt und bei meinem Namen nennt» (Str.1). Das schwedische Lied «Strahlen brechen viele» (EG 268) spielt im Refrain aller fünf Strophen (wir sind eins durch ihn) auf die Bitte Jesu in Johannes 17,21 ff. an (dass sie alle eins seien).

Mehrstimmige Passionsvertonungen sind in verschiedenen Formen entstanden. Man unterscheidet zwischen a) responsorialen, dem gregorianischen Choral verpflichteten Passionen, b) rezitativischen Passionen oder Passions-Historien, die durchgängig den Bibeltext vertonen, c) oratorischen Passionen und d) Passionsoratorien. Gesungene Passionen, denen Texte aus dem Johannesevangelium zugrunde liegen, sind u. a. überliefert von Johann Walter (um 1530, deutsch); Orlando di Lasso (1575, lateinisch), William Byrd (1607, lateinisch), Thomas Selle (1642), Heinrich Schütz (1666, deutsch), Johann Sebastian Bach (1724, deutsch) und Philipp Telemann (1745, deutsch).

Von den modernen Passionen seien die Werke von Frank Martin (1945/48, französisch), Arvo Pärt (1982/1985, lateinisch) und Sofia Gubaidulina (2000, russisch) angeführt. Frank Martin verwendet für sein Oratorium «Golgotha» Texte der Evangelien und von Augustinus. An drei entscheidenden Stellen werden Johannestexte vertont: das heilige Abendmahl (Joh 13,1–2.13–20), Jesus vor Pilatus (Joh 18,28–31.33–40; 19,1–7.15–16) und Golgota (Joh 19,17–19.23–30). Betrachtende Abschnitte mit Orgelpunkt und schwebenden Klängen kontrastieren zu dramatischen Teilen, die sich durch rhythmische Akzente, Motivwiederholungen und scharfe Dissonanzen auszeichnen.

Das liturgische Werk des estnischen, vom Luthertum zur russisch-orthodoxen Kirche konvertierten Komponisten Pärt verwendet den lateinischen Text von Johannes 18,1–19,30 mit minimalistischem Tonmaterial. Für ihn «kann die Passionsgeschichte nicht eigentlich ‹vertont›, sondern nur Wort für Wort mit sparsamsten Mitteln nacherzählt und meditierend rezipiert werden» (Kurt von Fischer, MGG² Sachteil, Bd. 7, 1491). Dazu dient ein Rezitationsstil, der mit ständig wiederkehrenden Wendungen und unaufgelösten Dissonanzen eine Art «Passionston» (Böhmer 2005) erzeugt.

Gubaidulinas gross angelegte Passion kombiniert Texte aus dem Evangelium und der Offenbarung des Johannes bzw. die Leidensgeschichte Christi mit Szenen des Jüngsten Gerichts. Die Komponistin erklärt dazu:

«Mir blieb nur, in der Musik das zu tun, was mehrfach und lange Zeit vor mir mit den Mitteln der Architektur und der Freskenmalerei gemacht wurde. In meinem Werk habe ich mich ebenfalls bemüht, diese zwei Texte so miteinander zu verbinden, dass die beiden Ereignis-Typen ständig nebeneinander bestehen und sich durchkreuzen – die Ereignisse auf der Erde, die in der Zeit ablaufen (Leidensgeschichte) und die Ereignisse im Himmel, die sich ausserhalb der Zeit entfalten (Apokalypse)» (zit. nach Deutschlandfunk, 16.9.2001).

Zur Wirkungsgeschichte

1. Altertum

Die alte Kirche nennt Johannes *ho theologos*, den Gottesgelehrten, in der orthodoxen Ostkirche trägt er bis heute diesen Ehrentitel. Sie stellt ihn, wie schon erwähnt, im Symbol des Adlers dar, der weit Entferntes sieht und angeblich in die Sonne schauen kann.

Die kirchliche Tradition betrachtete Johannes als den Jünger, den Jesus liebte und dem er unter dem Kreuz seine Mutter anvertraute. Später soll Johannes eine der Säulen der Gemeinde von Jerusalem und Samaria gewesen sein. Nach alter Überlieferung hat er danach in Ephesus gewirkt und wurde unter Kaiser Domitian auf die Insel Patmos verbannt, wo er die Offenbarung, das letzte Buch der Bibel, schrieb.

Als er wieder nach Ephesus zurückgekehrt war, verfasste er dort das vierte Evangelium und die Briefe. In Ephesus soll er dann auch in hohem Greisenalter um das Jahr 100 gestorben sein. Das älteste Zeugnis für seine Verehrung bildet die Johanneskirche, die im 4. Jahrhundert über seinem Grab in Ephesus errichtet wurde. Kaiser Justinian (527–565) ließ sie durch eine dreischiffige, 130 Meter lange und 40 Meter breite Basilika ersetzen, deren Mittelschiff mit sechs Kuppeln überwölbt war. In Rom entstand um 490 vor der Porta Latina die Kirche San Giovanni, eine dreischiffige Basilika mit Vorhalle, die im 8. Jahrhundert erweitert, nach 1050 neu errichtet und 1191 durch Papst Coelestin III. erneut geweiht wurde.

Gnostische Texte wie das «Evangelium Veritatis» (um 150) weisen Gemeinsamkeiten mit Johannes auf; es scheint, dass sie ihn im Sinn ihrer dualistischen, die materielle Welt als böse abwertenden Weltsicht interpretierten. Schon vor Irenäus wurde er «in der Abwehr des Gnostizismus […] für die Kirche entdeckt» (Schnackenburg I, 179).

Clemens von Alexandrien, um 200 n.Chr. Vorsteher der christlichen Katechetenschule, versteht das vierte Evangelium als das «geistliche» (pneumatische) Evangelium (nach Euseb von Cäsarea, hist. eccl. VI, 14,7). Er meint: die ersten drei Evangelien beschreiben mehr die äusseren Vorgänge des Wirkens Jesu, während das vierte das Geistliche darstellt. Origenes schrieb 218–236 n.Chr. den ersten kirchlichen Kommentar zum Johannesevangelium, weitere Kommentare oder Predigtreihen verfassten Johannes Chrysostomus (4. Jh.), Aurelius Augustinus in seinen Vorträgen «Tractatus in Iohannis Euangelium» (5. Jh.), der irische Theologe Johannes Scotus Eriugena (9. Jh.) und Thomas von Aquin (Super Evangelium S. Ioannis Lectura, 1269–1272), Meister Eckhart legte nur den Anfang aus (Expositio Sancti Evangelii secundum Iohannem). Besonders eingehend bedacht wurde der Johannesprolog (Joh 1,1–18), der in der alten Kirche «zur spekulativen Begründung der Trinitätslehre und der Christologie» diente (Niederwimmer, 197).

2. Reformation und Neuzeit

Martin Luther hält Johannes für «das einige zarte rechte Hauptevangelium und den anderen dreien weit, weit vorzuziehen und höher zu heben» (WADB 6,10). Seinen Autor nennt er den «höchsten Evangelisten» (*summus Euangelista*, WA 29, 366) und predigt oft über johanneische Texte. Melanchthon (1523) und Johannes Calvin(1553) haben das Johannesevangelium kommentiert, Calvin betrachtet es als Schlüssel zum Verständnis der übrigen Evangelien.

Bei den Vertretern des deutschen Idealismus um 1800 (Lessing, Fichte, Herder, Hölderlin, Schleiermacher, Hegel, Schelling, Moritz) erfreut sich das Johannesevangelium hoher Wertschätzung.

So würdigt Fichte es in seinem religionsphilosophischen Hauptwerk «Anweisung zum seligen Leben» (1806) als «echteste und reinste» Urkunde des Christentums. «Nur mit Johannes kann der Philosoph zusammenkommen» (6. Vorlesung). Der johanneische Jesus kenne «keinen anderen Gott» als den wahren, «in welchem wir alle sind und leben und selig sein können und ausser welchem nur Tod ist und Nichtsein» (Grundzüge des gegenwärtigen Zeitalters [1806], in: Werke, Bd. 7, Berlin 1845/46, 97). Im Gegensatz zu seiner Lehre stehe angeblich das Judentum, das er «unbedingt und ohne alle Milderung» (ebd.) verworfen habe.

Aus Johannes meint Fichte nicht nur die antijüdische Religion Jesu herauslesen zu können. Das vierte Evangelium eröffnet ihm auch neue Horizonte für ein pantheistisches Selbstverständnis des Menschen, eine Deutung, die noch den Begründer der Anthroposophie Rudolf Steiner (1861–1925) beeinflusst.

Für Hölderlin ist der Evangelist Johannes identisch mit dem Verfasser der Johannesoffenbarung. Wie die gesamte pietistische Tradition sieht auch Hölderlin bei ihm eine besonders innige und geistige Auffassung des Lebens und Sterbens Jesu Christi. Der Theologe Friedrich Schleiermacher hat seine Glaubenslehre auf der Basis von Johannes 1,14 (Das Wort wurde Fleisch) entfaltet und in seinen Predigten das Johannesevangelium fortlaufend ausgelegt. Dabei ist es ihm gelungen, so der Herausgeber seiner Homilien, die «tiefen spekulativen Ideen, auf denen die johanneische Christologie ruht, [...] mit seltner Kunst dem Bewusstsein der Gemeine» (Sydow, IX) aufzuschliessen. Schon in seinen frühen Reden «Über die Religion» (1799), in denen er das Christentum als Sehnsucht nach dem Unendlichen darstellt, bezieht sich Schleiermacher auf Johannes als den «Busenfreund» und Lieblingsjünger Jesu. Dieser zeige Jesus selbst zumal in den Abschiedsreden erfüllt von Sehnsucht und heiliger Wehmut. Schleiermacher ist überzeugt, dass Johannes das älteste der Evangelien ist. Es enthalte die reine Wahrheit des Lebens Jesu ohne Zusätze trüberer Überlieferung. Nur ein Begleiter Christi habe es mitteilen können.

Ähnlich urteilen andere Denker jener Zeit. Als «Evangelium des Geistes» (Lessing) steht das Johannesevangelium auch für Hegel und Schelling auf einer höheren Stufe als die drei Synoptiker Matthäus, Markus und Lukas. Schelling nennt Johannes den «Apostel des Geistes».

> Er sieht in ihm den «Apostel der Zukunft, der letzten Zeit, wo das Christenthum Gegenstand allgemeiner Erkenntnisgeworden, wo es nicht mehr das enge, verschrobene, verkümmerte, verdürftigte der bisherigen dogmatischen Schulen, noch weniger das in armselige,

das Licht scheuende Formeln nothdürftig eingeschlossene, eben sowenig das zu einem Privatchristentum zugeschnitzte seyn wird, sondern erst wahrhaft öffentliche Religion – nicht als Staatsreligion, nicht als Hochkirche, sondern als Religion des Menschengeschlechts» (Schelling, 328).

Sören Kierkegaards (1813–1855) existenzielle Philosophie hat die moderne Interpretation des Johannesevangeliums stark geprägt. Seine in der Schrift «Philosophische Brosamen» (1844) ausgeführte Grundthese lautet: Die Offenbarung Jesu als Fleisch gewordenes Wort (*logos*) stellt den Verstand vor das Paradox der Ewigkeit Gottes, die sich verzeitlicht hat.

Sie bewirkt entweder Einverständnis im Glauben oder provoziert das Ärgernis des Unglaubens und des Unverständnisses. Kierkegaards «Einübung im Christentum» (1850), die sich im dritten Teil an Texten aus dem Johannesevangelium orientiert, zeigt, dass der Christus des Glaubens für ihn Vorrang hat vor dem historischen Jesus.

Ein unmittelbarer Zugang zur Person Jesu ist unmöglich, weil Jesus inkognito unter den Menschen gelebt hat. Seine wahre Identität als Gottessohn in geringer Knechtsgestalt erschliesst sich nur im Glauben, d. h. kraft der «von oben» geschenkten Einsicht, die im Leiden und Sterben Jesu die Hoheit des zu seinem Vater zurückgekehrten Gottessohns erkennt.

In seinem Verständnis des johanneischen Jesus und des Glaubens an ihn steht der Neutestamentler Bultmann Kierkegaard nahe. Er betont, dass Gott sich nach Johannes 1,14 indirekt, nämlich in Niedrigkeit und Unscheinbarkeit offenbart habe. Diese Paradoxie fordere den Glauben jeweils neu zur Entscheidung heraus, ob er in Jesu Wirken das Ende des Alten und den

Anbruch des Neuen erkennen wolle oder nicht. «Der Glaubende ist innerhalb der Welt dem weltlichen Sein entnommen» (Bultmann 1968, 430).

Karl Barth (1886–1968) hat 1925/26 in einer Vorlesung die Kapitel 1–8 des Johannesevangeliums erklärt. Darüber hinaus hat er in seiner «Kirchlichen Dogmatik» den dogmatischen Satz, Jesus Christus sei wahrer Gott und wahrer Mensch, in einer Auslegung von Johannes 1,14 entfaltet (Barth 1938, 145–187) und die Bedeutung der biblischen Vorsprüche Johannes 14,6 und Johannes 10,1.9 für die erste These der Barmer Theologischen Erklärung hervorgehoben (Barth 1940, 199).

«In den meisten neuen Jesusbüchern spielt das Johannesevangelium kaum eine Rolle» (Söding, 13). Dafür ist vor allem die liberale Theologie massgebend, die den historischen Jesus zu rekonstruieren sucht und überzeugt ist, dieser könne nicht so christologisch geredet haben wie der johanneische Jesus, weshalb solche Aussagen als nachträgliche Deutung anzusehen seien.

Anders Klaus Berger, der das vierte Evangelium als frühe historische Quelle ernst nimmt und gerade seine Christologie rezipiert. Von den neueren Kommentatoren sind beispielsweise Rudolf Schnackenburg (4 Bde., 1965–1984), Klaus Wengst (2 Bde., 2004/07, bearb. 2019) und Hartwig Thyen (2005, ²2015) zu nennen. Auf Wengsts Analysen zum historischen Ort des Johannesevangeliums wird im Folgenden noch eingegangen. Mehrere Theologen (John Sanford, Anselm Grün, Eugen Drewermann) haben tiefenpsychologische Auslegungen des Johannesevangeliums vorgelegt. Sanford und Grün interpretieren es als mystisches Evangelium.

Probleme der Auslegung

1. Feindliche Welt – Wer sind «die Juden»?

Die Welt (*kosmos*) ist bei Johannes zwar Gottes Schöpfung, da alles durch das göttliche Wort geschaffen ist (Joh 1,3), aber als Menschenwelt der Finsternis und der Lüge verfallen. Die Menschen verschliessen sich dem Licht und der Wahrheit, die ihnen in Jesus begegnen (Joh 1,5.10; 3,19–20; 8,32.43–45). Der Kosmos wird als «Sein in der Knechtschaft» (Bultmann 1968, 368) gekennzeichnet, sein Herrscher ist der Teufel (Joh 12,31; 14,30; 16,11). Diese dem Bösen und dem Tod verfallene Welt tritt dem johanneischen Jesus besonders in «den Juden» entgegen. Nur das vierte Evangelium überliefert von ihm solche Aussagen, die sie als «Teufelskinder» verurteilen: «Ihr habt den Teufel zum Vater [...] Der ist ein Mörder von Anfang an [...] er ist ein Lügner und Vater der Lüge» (Joh 8,44).

67-mal – Schnackenburg zählt 71-mal – ist bei Johannes von «den Juden» die Rede (vgl. Schnackenburg I, 146; Thyen 2005, 168), überwiegend mit negativer Tendenz. Bei Auseinandersetzungen Jesu mit den «Juden» berücksichtigt der Evangelist «auch seine eigene Zeit» mit, «so dass die Darstellung für seine Leser stärker ‹transparent› und ‹aktuell› wird» (Schnackenburg I, 147f.). «So lässt sich an einer zeitgeschichtlich bedingten antijüdischen Tendenz des Joh-Ev kaum zweifeln» (Schnackenburg I, 148). Wodurch sie bedingt ist, bleibt freilich zu erklären.

Mit dem Plural «die Juden» bezeichnet Johannes das Volk und die Gegner Jesu (Joh 1,19; 2,18–20 und andere Stellen). Da es sich um literarische Figuren handelt, dürfen die Urteile des Erzählers über sie «nicht *unvermittelt* zu Aussagen über alle wirklichen Juden von Fleisch und Blut oder gar über das ‹Wesen› des jüdischen Volkes generalisiert werden» (Thyen 2005, 168), wie es in der Wirkungsgeschichte des Antijudaismus bis hin zur antisemitischen Propaganda der Nationalsozialisten immer wieder getan wurde. Die bisherigen Deutungen, wer mit «den Juden» in der erzählten Zeit Jesu und der Zeit und sozialen Welt des Evangeliums gemeint ist, stehen alle mehr oder weniger im Bann dieser Wirkungsgeschichte.

Bultmann sah in «den Juden» die «Vertreter des Unglaubens und […] der ungläubigen ‹Welt› überhaupt» (Bultmann 1941, 59). Andere identifizierten sie geografisch mit den Einwohnern Judäas oder mit der jüdischen Führungsschicht oder beurteilen das ganze Johannesevangelium als «judenfeindlich» (Brumlik, 102) und «Wurzel des Antisemitismus in der christlichen Tradition» (Ruether, 112).

Weiterführend ist eine genauere Erforschung der historischen Gemeindesituation, aus der die Aussagen des Johannes über «die Juden» erwachsen sind.

Am plausibelsten ist die Annahme, dass die Welt, die die johanneische Gemeinde bedrängte, konkret aus Juden bestand. Als wichtigste Gruppe neben den Hohenpriestern treten die Pharisäer auf, die behördliche Funktionen wahrnehmen (vgl. z. B. Joh 7,32; 9,13ff.). Wengst betont, dass dies nicht den Verhältnissen zur Zeit Jesu entsprach. Johannes stelle die Pharisäer auf dem Hintergrund seiner eigenen Zeit als führende Repräsentanten des Judentums dar. Ihre Beziehung zu Jesus zeichne er aus diesem

Blickwinkel durchgängig negativ; nur der Pharisäer Nikodemus bilde eine Ausnahme.

Ein solches pharisäisch bestimmtes Judentum gab es jedoch erst in der Zeit nach 70 n. Chr., d. h. nach der Zerstörung Jerusalems und des Tempels. Erst in diesem Kontext erscheinen «die Juden» als behördliche Macht, die diejenigen aus der Synagoge ausschliesst, die bekennen, dass Jesus der Gesalbte, der Messias sei. Drei Stellen im Evangelium (Joh 9,22; 12,42; 16,2) weisen auf derartige Erfahrungen des Synagogenausschlusses jüdischer Jesusanhänger hin. Der Ausschluss war für die johanneische Gemeinde eine bedrängende Realität, weil ihre Mitglieder von der Mehrheit, mit der sie zusammenlebten, als Ketzer behandelt und wirtschaftlich boykottiert wurden (vgl. Wengst 1992, 55–104). Die Gemeinde war damit nicht nur aus der Synagoge, sondern aus der sozialen Umwelt ausgeschlossen.

2. Antijüdisch und jüdisch zugleich

«Das Johannesevangelium scheint zugleich das jüdischste und das antijüdischste der Evangelien zu sein. Keiner der vier Evangelisten scheint eine so genaue Ortskenntnis von Jerusalem zu besitzen wie der vierte. In keinem der Evangelien tritt Jesus so ausgedehnt als Lehrer im Tempel auf wie bei Johannes. In keinem anderen Evangelium ist der Gesamtaufbau so stark von den Pilgerreisen nach Jerusalem und vom jüdischen Festkalender bestimmt wie im Johannesevangelium. Keiner der Evangelisten nennt Mose so häufig wie Johannes. Und doch schildert uns keiner der Evangelisten Jesus so durchgehend in Auseinandersetzung mit den ‹Juden› wie gerade der vierte» (Beutler 2012, 11).

In der heidenchristlichen Kirche wurde sein Evangelium immer wieder als antijüdischer Text gelesen und missverstanden. Aber: «Das Johannesevangelium ist eigentlich ein Midrasch, der Midrasch des Jochanan, der das Judentum intim kennt und liebt!» (Yuval Lapide). Wie ist das zu erklären?

Die johanneische Gemeinde bestand überwiegend aus Juden, die in einer jüdisch bestimmten Umwelt lebten. Das vierte Evangelium spiegelt, stärker als die Synoptiker, die scharfe Auseinandersetzung, «die zwischen Juden und Judenchristen über die Frage geführt wurde, ob Jesus der Messias oder auch sonst eine der in der jüdischen Eschatologie erwarteten Gestalten ist oder nicht» (Wengst 1992, 106). Es vertritt insofern eine unorthodoxe oder abweichende jüdische Tradition.

Das Judentum der Zeit Jesu war keine homogene Grösse, sondern durch religiöse Diversität gekennzeichnet; der Historiker Josephus berichtet von Pharisäern, Sadduzäern, Essenern (zu denen die Gruppe von Qumran, einer antiken Siedlung nordwestlich des Toten Meers, gehörte) und einer vierten Gruppe: der Befreiungsbewegung der Zeloten. Nach der Zerstörung des zweiten Tempels durch die Römer 70 n. Chr. hat sich jedoch ein rabbinisches Judentum formiert, das normative Geltung beansprucht. Es betrachtet Aussagen, die Jesus einen gottgleichen Rang zuschreiben, als skandalös. Viele Kontroversen im Johannesevangelium kreisen um Jesu Anspruch, göttlich zu sein (vgl. Joh 5,17–18; 8,58–59; 10,34–36). Sie reflektieren den Zorn der jüdischen Oberschicht über die Unverschämtheit der johanneischen Gruppe in ihren Reihen. Die polemische Tonlage der Kapitel 5–10 kann nur auf dem Hintergrund eines innerjüdischen Streitgesprächs (*family quarrels*) erklärt werden (vgl. Ashton, 131–151). Aus jüdischer Sicht wird die Redeweise des Johannes heute als Teil eines Prozesses der Selbstdefinition verstanden, in dem der Autor die Nachfolger Jesu von der Synagoge und damit auch von den Juden und vom Judentum unterscheidet (JANT, 156).

3. Die johanneische Gemeinde

Walter Rebell hat das Gemeindeverständnis des vierten Evangeliums mit dem Begriff «Gegenwelt» bezeichnet. Er besagt, «dass die johanneischen Christen von der Welt, die sie als uneinsichtig und dem Unheil verfallen ansahen, radikal getrennt existierten und ihre Gemeinde als wahren, eigentlichen Lebensraum empfanden» (Rebell, 174).

Das Leben in dieser Gemeinschaft war geprägt «von einer innigen Bruderliebe und einem egalitären Miteinander, von einem intensiven Zusammengehörigkeitsgefühl» (ebd.). Ihre Abkapselung gegenüber der Aussenwelt erklärt sich aus dem gespannten und polemischen Verhältnis, in dem sie zum rabbinischen Judentum steht. Als Häretiker religiös, ökonomisch und sozial von der Synagoge isoliert, sehen die johanneischen Christinnen und Christen sich dazu genötigt, Gemeinde als «Gegenwelt» zu entwerfen. Sie erleben sich als in der Welt bedrängt und von ihr gehasst (Joh 16,33; 17,14).

Lange meinte man, Johannes kenne die Kirche als theologische Grösse nicht und verstehe den Glauben individuell und rein geistig. Dabei wurde nicht beachtet, dass bestimmte Texte in seinem Evangelium in einer ekklesiologischen Perspektive zu lesen sind: Johannes 10 (Der gute Hirte und seine Schafe), Johannes 15 (Der wahre Weinstock und seine Reben), Johannes 17 (Die Einheit der

Glaubenden). Hinzu kommt Johannes 13,12–20 (Das Dienen Jesu als Norm für das Verhalten untereinander), wo das Lebensgesetz der Gemeinde beschrieben wird: «tut, wie ich euch getan habe» (Joh 13,15; vgl. 15,5.12).

Die «Gemeinschaft der Freunde» (Roloff, 290), die hinter dem Johannesevangelium steht, ist in ihrer Sozialgestalt nur durch diese Texte hindurch in Umrissen zu erkennen. Deutlich wird aber: sie ist eine durch Christus konstituierte Gemeinschaft der einzelnen Glaubenden mit ihm und miteinander. Sowohl in Johannes 10 wie in Johannes 15 zeigt sich eine Individualisierung im Gemeindeverständnis.

Der gute Hirte kennt jedes *einzelne* Schaf seiner Herde und wird von jedem gekannt. Wie Reben mit dem Weinstock sind die Glaubenden mit Christus, dem «wahren Weinstock», verbunden. Aus ihm erhält jede *einzelne* Rebe ihre Lebenskraft, abgeschnitten vom Weinstock verliert sie ihre Lebensfähigkeit. Das Gebet Jesu, «dass sie alle eins seien» (Joh 17,21), führt das Bild vom Weinstock und den Reben weiter aus. Wer in der Gemeinschaft mit Christus «bleibt», wird in das Verhältnis zwischen Vater und Sohn hineingenommen. Die Glieder der johanneischen Gemeinde sind mit Vater und Sohn zur Einheit verbunden; sie stehen in dieser Verbundenheit in striktem Gegensatz zur «Welt».

Die Gemeinde existiert abgegrenzt von der Welt, die sie als feindliche Umwelt wahrnimmt, schreibt aber dem Einssein der Christinnen und Christen eine unmittelbare Wirkung auf die Welt zu: «So sollen sie vollendet sein in der Einheit, damit die Welt erkennt, dass du mich gesandt und sie geliebt hast, so wie du mich geliebt hast» (Joh 17,23).

Durch ihre von Christus ermöglichte Einheit geben sie der Welt ein Zeugnis der Wirklichkeit Gottes und seines Gesandten.

Sie bezeugen durch ihr soziales Dasein, ihre geschwisterliche, und nicht hierarchische Struktur, dass sie durch Christus geeint sind.

Von beauftragten Amtspersonen sagt das vierte Evangelium nichts, nirgendwo nimmt es auf innergemeindliche Strukturen Bezug. Johannes 20,21–23 deutet hingegen an, dass alle Gemeindeglieder gleichermassen den Geist empfangen haben, der sie in die Wahrheit Jesu führt und zu ihren Aufgaben befähigt. Eine höhere Lehrautorität fehlt, da «der Geist der alleinige Lehrer jedes einzelnen Glaubenden [ist]» (Roloff, 297).

4. Die Rolle der Frauen

Eine Reihe bemerkenswerter Frauen tritt bei Johannes auf: die Mutter Jesu (Joh 2,1–5; 19,25–27), die Samaritanerin am Jakobsbrunnen (Joh 4,1–42), die Schwestern Marta und Maria (Joh 11,1–45; 12,2–8) sowie Maria aus Magdala als erste Zeugin des Auferstandenen (Joh 20,11–18).

Maria, die Mutter Jesu, die nicht mit Namen genannt wird, erscheint bei der Hochzeit zu Kana als eine Frau, die auf dem Weg zum Glauben ist. Sie erwartet etwas von Jesus; er weist ihr Ansinnen erst zurück (Joh 2,4), um dann doch auf ihre Bitte einzugehen. Maria beauftragt die Diener: «Was er euch sagt, das tut» (Joh 2,5) und löst damit eine wunderbare Handlung aus. Wird Maria hier noch von den Jüngern, die glaubten (Joh 2,11), unterschieden, so wird sie in der Szene unter dem Kreuz zum Glaubensvorbild. Zusammen mit dem Lieblingsjünger bildet sie eine kleine Gemeinde gläubiger Jünger, die der Gekreuzigte zurücklässt. Er ruft eine neue Mutter-Sohn-Beziehung ins Leben.

Darin spiegelt sich die Tatsache wider, dass «die leibliche Familie Jesu durch die Jüngerfamilie ersetzt ist» (Brown, 168).

Das umfassendste Bekenntnis zu Jesus wird durch Marta laut: «Ich glaube, dass du Christus bist, der Sohn Gottes, der in die Welt kommt» (Joh 11,27). Sie und ihre Schwester Maria repräsentieren in judenchristlichen Kreisen zwei unterschiedliche Wege: Maria stellt die persönliche Augenzeugenschaft gegenüber Jesus dar. Marta das, was in der Gemeinde aktuell ist: Diakonie und Bekenntnis. «Maria sitzt zu Füssen Jesu, um das Einmalige zu hören, sie weint und klagt bei ihm, sie salbt ihn. Marta steht in grösserer Distanz und ‹tut das, was die Kirche tut›» (Berger 1997, 74).

Vor dem Jüngerkreis der Zwölf sieht Maria Magdalena als Erste den Herrn lebendig. Vor Ostern wird sie als eine der unter dem Kreuz stehenden Frauen erwähnt (Joh 19,25). Klaus Berger sieht in diesen Frauen «Repräsentantinnen eines judenchristlich-palästinischen Christentums» (ebd.).

Johannes integriere durch sein Evangelium unterschiedliche Gruppen in seine Gemeinde. Mit der Gestalt der Samaritanerin öffne er auch «samaritanischen Christen den Weg in die johanneische Gemeinschaft» (Berger 1997, 70). Das ist umso bedeutsamer, als es hier, ähnlich wie bei anderen Juden, Vorurteile gegen die Samaritaner gab (vgl. Kap. 7.2).

Die Eigenart des Johannesevangeliums

1. Literarische Besonderheiten: Sprache, Leitworte, Erzählstil

Das Johannesevangelium ist intertextuell auf die synoptischen Evangelien und den grösseren gemeinsamen Kontext des Alten Testaments bezogen (vgl. Thyen 2005, 4). Auf einige Unterschiede, die im Vergleich mit den Synoptikern auffallen, wurde schon hingewiesen. Zu den Eigentümlichkeiten des johanneischen Stils gehören Hebraismen, Nachahmungen alttestamtlicher Redeweisen und rabbinische Redewendungen. «Die Atmosphäre der Geschehnisse und der Reden Jesu [...] ist eine ganz und gar alttestamentliche» (Westermann, 69). Ebenso verweist der Dialogcharakter weiter Teile des Johannesevangeliums auf das Alte Testament. Kennzeichnend für den johanneischen Stil sind ferner Ironie, etwa in der Szene der Hochzeit in Kana, in der der Speisemeister dem Bräutigam vorwirft, er habe den guten Wein zurückgehalten (Joh 2,10), und Doppeldeutigkeit wie im Tempelwort Jesu (Joh 2,19) und seinem Wort an Marta (Joh 11,23), in den Gesprächen mit Nikodemus (Joh 3,4.8) und der Samaritanerin (Joh 4,11). Wo von irdischen Sachverhalten die Rede ist, weisen sie zugleich auf den himmlischen Bereich hin.

Die Sprache des Johannes ist einfach und bildhaft, ein semitisierendes, fehlerfreies Griechisch (vgl. Wengst, 154), wie es eher gesprochen als geschrieben wird. Er benutzt einen relativ kleinen

Wortschatz und verwendet wiederholt Leitworte, die sich beim Lesen und Hören besonders einprägen. «Leben» (griech. *zoē* = 56-mal) ist das Hauptwort unter ihnen. Es verbindet, ungeachtet ihrer Unterschiede, alle johanneischen Schriften, also ausser dem Evangelium auch die Briefe und die Offenbarung. Dabei ist zu beachten, dass die Texte drei griechische Substantive für «Leben» verwenden: *bios*, *psychē* und *zoē*. *Bios* (nur im Ersten Johannesbrief) meint das Leben im zeitlichen Sinn, die Lebensdauer und Lebensweise. *Psychē* (im Johannesevangelium 9-mal) heisst Seele und bedeutet die Kraft, die Trägerin meines Lebens. Wenn Jesus sagt: «Ich bin die Auferstehung und das Leben» (Joh 11,25), dann ist weder von *bios* noch von *psychē* die Rede, sondern von *zoē*. Das bedeutet mehr als das Leben der Tiere und Pflanzen, auf das sich der Begriff «Zoologie» bezieht. Nach antikem Verständnis teilt der Mensch die *zoē* mit Erde und Himmel, mit Pflanzen, Tieren und Göttern, aber er muss ihr mit seinem *bios* und seiner *psychē* noch Darstellung und Gestalt verleihen, damit sie sein Leben wird (vgl. Möller, 205f.). Wenn Johannes vom «ewigen Leben» spricht (17-mal, z.B. Joh 5,24; 6,47.68; 12,25), gebraucht er das Wort *zoē*.

Weitere Leitworte sind: «Herrlichkeit» (*doxa* = 10-mal) und «verherrlichen» (7-mal), «sehen/schauen» (vier griechische Verben der optischen Wahrnehmung = 155-mal), «kennen/erkennen/wissen» (30-mal), «Licht» (25-mal) und «Finsternis» (7-mal), «Wort/Worte» (69-mal) und «Zeugnis» (36-mal), «Welt» (78-mal), «Wahrheit» (30-mal), «glauben» (98-mal), «lieben» (*agapān* = 37-mal, *philein* = 16-mal) sowie die Trias «Vater» (123-mal auf Gott bezogen), «Sohn (Gottes)» (30-mal) und «Geist» (*pneuma* = 23-mal). Den Titel «Christus» verwendet Johannes häufiger (19-mal) als Matthäus oder Markus und Lukas zusammen.

Das Johannesevangelium will nicht nur die vergangene Geschichte Jesu darstellen. Es erzählt diese Geschichte vielmehr so, dass die Erfahrungen, Konflikte und Probleme der johanneischen Gemeinschaft sicht-bar und mit der Geschichte Jesu verknüpft werden. So kann die Gemeinde, für die Johannes erzählt, sich in der Geschichte der Jüngergemeinschaft und ihres Verhältnisses zu Jesus wiederfinden. Der Erzähler *antwortet* auf zeitgenössische Ereignisse und Streitfragen, die alle Glieder seiner Gemeinde angehen, indem er die Worte und Taten Jesu für sie in ihrer Situation vergegenwärtigt. Dabei bezieht er sich auf die jüdische Bibel und die synoptischen Evangelien. Er ruft seiner Leserschaft im Licht der Schrift und des Geistes die schon bekannte Geschichte Jesu in Erinnerung (vgl. Robinson, 344) und lässt sie so erneut lebendig werden, damit die Lesenden ihre theologische Bedeutung, das heisst ihre geistliche Relevanz für das eigene Leben, erkennen.

2. Theologische Konzeption

Das geografische Umfeld hat für die Botschaft des vierten Evangeliums fundamentale Bedeutung. Wer sie verstehen und den erzählten Weg Jesu nachvollziehen will, muss sich in das Palästina des 1. Jahrhunderts versetzen. Neuere Forschungen zeigen, dass die Theologie des Johannesevangeliums sich in mancher Hinsicht von der Topografie her erschliesst. Es enthält viele historische Informationen und gilt zugleich als das «theologischste» Evangelium. Wie «Historie und Theologie» (vgl. James L. Martyn) darin miteinander verwoben sind, zeigt sich bei fortlaufender Lektüre.

Die präzisen Hinweise auf Orte und Zeiten folgen einer Aussageabsicht des Erzählers, der die Inkarnation des göttlichen Logos (Joh 1,14) als lokalisierbares Erscheinen des Gottessohnes nach einer bestimmten Chronologie begreift. Ihr zufolge beginnt das öffentliche Wirken des Juden Jesus an einem Morgen im März des Jahres 28 und endet an einem Freitag im April 30, nach jüdischem Kalender der 7. Nisan, am Vorabend von Pessach, wie ein frühjüdischer Kommentar aus dem Talmud bestätigt (bSanh 43a; vgl. Schein, 18; 191; Robinson, 151–157; Pixner, 423).

Johannes selbst gibt im Prolog den Ausgangspunkt für das Verständnis seiner Theologie vor.

> «Weil Joh das Leben und Reden (sprachliche Handeln) Jesu ganz von daher versteht, dass in ihm der ewige Logos (des Prologs) da ist und sich ausspricht, musste sein Evangelium *anders* ausfallen als die synoptischen Evangelien. Dies vor allem in drei Hinsichten: 1. mit der Transparenz des Irdischen für das Ewige (auch im Sprachlichen), 2. durch den ausdrücklichen Rückbezug Jesu selber auf seinen ewigen Ursprung und 3. in Gestalt von Erzählungen im Sinne dieser Theologie, die sich […] so nicht im überlieferten Traditionsgut, wie es sich bei den Synoptikern findet, nachweisen lassen» (Ringleben, 6).

Im Zentrum des vierten Evangeliums steht die Christologie. Johannes präsentiert Jesus als den vom Vater gesandten Sohn (z. B. Joh 13,3; 16,5.28). Die Sendung des Sohnes ist Ausdruck der Liebe Gottes zur Welt; die Welt soll gerettet, nicht gerichtet werden (Joh 3,16f.). Das endzeitliche Gericht ereignet sich bereits, anders als erwartet, in der Sendung des Sohnes (Joh 3,19; 9,39; 12,31); in der Stellung zu Jesus entscheidet sich jetzt schon Heil und Unheil (Joh 3,18). Die johanneische Sehweise macht das irdische Geschehen transparent für das geistliche. Im Sichtbaren lässt sich Unsichtbares entdecken, im Sohn der Vater (Joh 1,18; 8,19; 10,30; 14,9). Jesu Kreuzigung ist seine «Erhöhung», die Verbform «erhöht werden» (Joh 3,14; 8,28; 12,32) meint sowohl das Aufrichten des ans Kreuz Geschlagenen wie seine Aufnahme in die himmlische Sphäre der Herrlichkeit Gottes.

Die johanneische «Biografie» Jesu folgt einem besonderen Schema. Von Jesu öffentlichem Wirken und seinem Wirken vor den Jüngern, seinem Leiden und Sterben wird so erzählt, dass sein Weg als *Herabsteigen* vom Himmel und *Hinaufsteigen* zum Vater erscheint. «Als einzige frühchristliche Schrift spricht das JohEv vom Herab- und vom Hinaufsteigen Jesu (Joh 20,17), des Menschensohnes (Joh 3,13) oder des Himmelsbrotes (Joh 6,33.58)» (Berger 1997, 255). Beide Bewegungsmetaphern kennzeichnen Jesus als Gesandten Gottes, der von Anfang an Gottes Herrlichkeit hat (Joh 17,5; vgl. Joh 12,41), sie auf Erden offenbart (Joh 1,14; 2,11; 11,40) und seinen Jüngern weitergibt (Joh 17,22), um schliesslich wieder in die Herrlichkeit beim Vater zurückzukehren (Joh 17,5.24). In diesem Rahmen stellt das vierte Evangelium heraus, dass in Jesus in der Zeit seiner irdischen Wirksamkeit der *eine* Gott präsent ist. Da das Johannesevangelium in Sprache und Begrifflichkeit vielfach auf das Alte Testament verweist, muss betont werden: es geht bei Johannes um die Präsenz des Gottes Israels. Der johanneische Jesus begründet diese Präsenz nicht, sie wird im Evangelium auch nicht erklärt (vgl. Berger 1997, 188). Allein der Leser, die Leserin muss sich darauf einen Reim machen; er bzw. sie wird zu einer Stellungnahme herausgefordert.

Das Alte Testament, Mose, Abraham und Jesaja sowie Johannes der Täufer werden als Zeugen für Jesus zitiert. Die Bilder des

Wohnens (wörtlich: Zeltens, Joh 1,14) und des Tempels (Joh 2,21), mit denen Gottes Gegenwart in Jesus beschrieben wird, variieren die jüdische Auffassung, wonach Gott durch seinen Namen, durch seinen Geist oder seine *Schechina* («Einwohnung») im Tempel wohnt. Sie bringen zum Ausdruck, dass Jesus, in dem Gott wohnt und durch den er in der Welt wahrnehmbar wird, damit ganz von Gott erfüllt ist und doch Mensch bleibt. Aus ihm hat er alle Vollmacht (vgl. Berger 1997, 190f.).

3. Verfasser und Adressaten

Die kritische Exegese des 19. Jahrhunderts hat die Autorschaft des Apostels Johannes für das vierte Evangelium angefochten. So wertete David Friedrich Strauss (1835/36) es als Geschichtsquelle ab. Es «sei nichts anderes als eine mythische Komposition, der Verfasser sicher kein Zeitgenosse oder intimer Jünger Jesu» (Schnackenburg I, 188). Jahrhundertelang wurde der Verfasser des Johannesevangeliums mit dem Autor der Offenbarung identifiziert. Dass beide Schriften von demselben Autor stammen (vgl. Heymel, 44) oder derselben «johanneischen Schule» (Martin Hengel) zuzurechnen sind, ist durchaus möglich. Moderne historisch-kritische Exegetinnen und Exegeten unterscheiden demgegenüber zwischen dem Lieblingsjünger Johannes, dem Apostel Johannes, dem Evangelisten Johannes und dem Verfasser der Offenbarung. Was weiss man heute also wirklich über den Evangelisten?

Er spricht ein einfaches Griechisch, wie es auch die Gemeinschaft spricht, für die er schreibt, dürfte aber auch das Aramäische beherrscht haben. Seiner Leserschaft ist der jüdische Festkalender vertraut. An manchen Stellen (z. B. Joh 2,6; 4,9; 19,40) erklärt er hebräische Wörter und Gebräuche, was darauf hindeutet, dass er sich auch an nichtjüdische Leser wendet. Der Autor des vierten Evangeliums erweist sich als «meditativer Denker» (Schneider, 25) mit hoher Gestaltungskraft. Vielleicht war es der Lieblingsjünger Jesu, der später als Presbyter der Kirche in Kleinasien wirkte (vgl. Schneider, 45). Auf ihn als Verfasser deuten schon die Notiz Johannes 21,24 und Nachrichten bei Eusebius von Cäsarea hin (hist. eccl. III 1,1; 39,3f.).

Die johanneische Gemeinde ist aus verschiedenen ethnischen Gruppen zusammengesetzt. Zu ihr gehören überwiegend Juden, aber auch Samaritaner und Nichtjuden (Griechen). Wenig überzeugend ist die Annahme, das vierte Evangelium sei für eine nur aus Nichtjuden bestehende Gemeinde bestimmt. Die in ihm vollzogene Synthese von jüdischem und griechischem Denken belegt, dass Johannes jüdische *und* nichtjüdische Menschen mit seiner Christusbotschaft erreichen will.

4. Ort und Entstehungszeit

Seit dem 19. Jahrhundert wird versucht, das Johannesevangelium aus der Sprache und Geisteshaltung seiner damaligen Zeit zu erklären. Bis heute hält die Diskussion über seinen religionsgeschichtlichen Hintergrund an. Das Milieu, dem das vierte Evangelium entstammt, wird nicht mehr in der Gnosis oder dem Mandäismus verortet, wie man bis Bultmann annahm, sondern im zeitgenössischen Judentum, das durch die Textfunde von Qumran und die alexandrinische Philosophie des Philo (ca. 15 v. Chr. – 40/50 n. Chr.) erhellt wird.

Die kirchliche Tradition nimmt Ephesus als Abfassungsort an. Irenäus schreibt: «Zuletzt gab Johannes, der Jünger des Herrn, der an seiner Brust ruhte, während seines Aufenthalts in Ephesus in Asien das Evangelium heraus» (adv. haer. III 1,1). Eine *Niederschrift* des Evangeliums in Ephesus geht daraus jedoch nicht zwingend hervor. Der Apostel Johannes kann sich im Alter dorthin zurückgezogen haben, wie der Bericht des Eusebius es nahelegt (hist. eccl. III, 23; V, 8). Dass es aber er war, der das Evangelium geschrieben und in Ephesus gewirkt habe, wird seit Franz Overbeck bestritten. Wenn die johanneische Gemeinde aus Judenchristen und einem starken Anteil nichtjüdischer Christinnen und Christen bestand, sprechen die damaligen Verhältnisse eher dagegen, dass Johannes in Ephesus sein Evangelium schrieb. Denn das Judentum und die Leitung der jüdischen Gemeinde kann dort kaum die Lebensbedingungen der Judenchristen entscheidend beeinflusst haben.

Die neuere Hypothese, das Johannesevangelium sei in Syrien entstanden, wird durch Wengst präzisiert. Er lokalisiert die johanneische Gemeinde «in den südlichsten Teilen des Königreichs von Agrippa II.» (Wengst 1992, 160), also in den Gebieten von Gamala und Gaulantis, Batanäa und Trachonitis «im nördlichen Ostjordanland» (Wengst, 162). In diesem Herrschaftsgebiet habe das Judentum nach 70 n. Chr. eine «behördliche Machtstellung gewinnen [können], wie sie sich im Johannesevangelium widerspiegelt» (Wengst, 163). Agrippa II. (27–92/93 n. Chr.) war der letzte jüdische König. Bedingungslos römertreu, förderte er das Judentum. Sein Territorium war hellenisiert, die griechische Sprache dominierte.

Für die Lokalisierung der johanneischen Gemeinde im nördlichen Ostjordanland spricht auch der von Riesner geführte Nachweis, dass mit der Notiz «Betanien jenseits des Jordan» (Joh 1,28) die Landschaft Batanäa gemeint ist. Nach Johannes gewinnt Jesus hier, wo der Täufer zuerst gewirkt hatte (Joh 10,40), seine ersten Jünger. Hierhin «zieht er sich auch zurück, bevor er sich zur Auferweckung des Lazarus wieder in die Nähe Jerusalems begibt» (Wengst 1992, 172; vgl. Riesner, 57ff.; 117).

Als ältestes Fragment wird der Abschnitt Johannes 18,31–33.37–38 in der John Rylands Library Manchester angesehen, in der Forschung als «Papyrus 52» bezeichnet. Er wird um das Jahr 120 n. Chr. datiert, könnte aber auch noch älter sein (Thiede 1997, 186). Das Evangelium ist spätestens ab Mitte des 2. Jahrhunderts durch Handschriften (P^{52}), Rezeption (Justin) und Zitate breit bezeugt. Eine Spätdatierung nach 130 n. Chr., wie Ferdinand Christian Baur sie annahm, scheidet daher aus.

Nach gängiger Lehrmeinung bezieht Johannes sich auf Markus und setzt überdies Wissen über die synoptischen Überlieferungen voraus. Irenäus und Eusebius rechnen mit einer Entstehungszeit nach den Synoptikern, spätestens zur Zeit des Kaisers Trajan (adv. haer. III 3,1.4; hist. eccl. V 8,4; III 23,4). In diesem Zeitraum, das heisst 90–100 n. Chr., nimmt auch die heutige Exegese meist die Entstehung an (Wilckens 1998, 11; Söding, 16); Wengst tritt für den Zeitraum 80–90 n. Chr. ein (Wengst 1992, 182). Einige Exegeten (z. B. Robinson; Berger) vertreten jedoch eine Frühdatierung auf 65–69 n. Chr. Nach ihrer Ansicht sind Markus und Johannes die ältesten «Versuche, die Jesusüberlieferung in der Art einer Biografie […] darzustellen» (Berger 1995, 677); Johannes erweise sich in seinem Bericht als «Augenzeuge» des Wirkens Jesu (Thiede 1998, 284).

5. Entstehung und Aufbau

Das vierte Evangelium ist wohl über einen längeren Zeitraum hin entstanden. Die Wurzeln der johanneischen Gemeinde könnten in Judäa, im Süden Palästinas, liegen. Der «Jünger, den Jesus liebte» (Joh 13,23; 19,26; 20,1ff.), der in ihr als Autorität gilt, könnte ihr zahlreiche Lokaltraditionen von Jerusalem und Judäa vermittelt haben, die der Verfasser vor allem in seinem Passionsbericht aufnahm. Als literarische Komposition wird das Evangelium dann im Norden, östlich des Jordans entstanden sein. Die einzelnen Phasen dieser Entstehungsgeschichte lassen sich nicht klar voneinander abgrenzen. Vermutlich gab es eine «Grundschrift» des Evangeliums, die später durch Johannes 15–17 erweitert wurde. Ob es sich bei Johannes 21 um den Nachtrag eines Redaktors handelt oder einen originären Teil des Werkes, der als Epilog an die Speisung der Fünftausend am See von Tiberias (Joh 6) erinnert (vgl. Thyen 2005, 772; 778), mag hier offen bleiben.

Üblicherweise werden zwei grosse Teile des Johannesevangeliums unterschieden: Kapitel 1–12 (Jesu öffentliche Wirksamkeit) und Kapitel 13–21 (Abschiedsreden, Leiden, Sterben und Auferstehung Jesu). Der erste Teil schildert, wie die Herrlichkeit (*doxa*) Jesu als des Gottessohnes vor der Welt, der zweite, wie sie vor der Gemeinde bzw. den «Seinen» (Joh 1,11) offenbar wird (so z.B. Bultmann). Bei Söding reicht dieser Teil freilich nur bis Johannes 17,26. Oder Teil I berichtet, wie Jesus, der Sohn, vom Vater in die Welt gesandt wird, während Teil II auf den Kreuzestod Jesu als Rückkehr zum Vater zuläuft (so z.B. Wilckens). Es ist deutlich, dass hier die Christologie nach Johannes 1 und die Interpretation der Kreuzigung als «Erhöhung» (Joh 3,21) für die Zuordnung der Teile bestimmend sind. Eine besondere Stellung nehmen Prolog (Joh 1) und Epilog (Joh 21) ein. Der Prolog, den manche auf einen älteren Hymnus zurückführen, wird als grundlegende Eröffnung verstanden, die für die Leserin und den Leser den theologischen Deutungsrahmen angibt, in dem das ganze Evangelium zu lesen ist. Den Epilog beurteilen viele Exegetinnen und Exegeten als späteren Nachtrag (vgl. Thyen 1988, 204), während andere für seine ursprüngliche Zusammengehörigkeit mit den vorhergehenden Kapiteln plädieren und in ihm sogar einen «unentbehrliche[n] Schlüssel für die Interpretation unseres Evangeliums sehen» (Thyen 2005, 772; vgl. Berger 1997, 21–25).

Schenke und Thyen verstehen das Johannesevangelium als Drama und gliedern es demzufolge in Szenen. Schenke unterscheidet zwei Teile, die jeweils mit einem Epilog enden (Teil I: Joh 1,19–12,50, Teil II: Joh 13,1–21,25). Nach seiner Einteilung hat das Drama fünf Akte, wobei der letzte Akt der längste ist (Joh 13,1–20,29).

Anders verfährt Thyen. Er gliedert das Drama in sieben Akte, wobei der «lange Abschied Jesu von seinen Jüngern» (Joh 13–17) als «esoterisches Zwischenspiel» (Thyen 2005, X) und 5. Akt gilt. Nach Thyen umfasst der erste Teil Johannes 1,19–10,42, der zweite Johannes 11,1–20,29 (Thyen 2005, VII–XII). Der lange 4. Akt (Joh 8,12–12,50) besteht aus zwei Hälften. Für diese Einteilung spricht, dass mit Sterben und Auferweckung des Lazarus (Joh 11) jener Teil des Evangeliums beginnt, der mit Sterben und Auferstehen Jesu (Joh 18–20) zum Abschluss kommt.

6. Das Evangelium als Drama

Das Johannesevangelium erzählt die Geschichte Jesu anders als die Synoptiker. Es ist kein gleichförmiger Bericht im Sinn der Poetik des Aristoteles, sondern ein *Drama in Dialogen*, in denen die Personen sprechen und handeln. Es braucht keinen vermittelnden Erzähler, enthält jedoch narrative Elemente (Prolog, Epiloge, Berichte, Bemerkungen eines Kommentators, szenische Angaben). Monologe im strengen Sinn gibt es nicht, da Jesus «niemals ohne Zuhörer» (Schenke, 214) spricht. Am ehesten lässt sich Johannes 15,1–16,15 als Monolog verstehen, der sich im Beisein der Jünger an die Zuhörenden bzw. Zuschauenden richtet. Der szenische Aufbau, die Dialoge und die häufig monologisch wirkende Rede seines Protagonisten machen das Johannesevangelium «als eine *dramatische Historie* in gewisser Weise zur Analogie der antiken Tragödie als eines ‹historischen Dramas›» (Thyen 2005, 63; vgl. 111).

«Ein Drama […] intendiert eine kollektive Rezeption» (Schenke, 219) «durch eine Gemeinschaft» (Schenke, 220). Diese hat ein gemeinsames Vorwissen, auf das beispielsweise Johannes 1,14.16; 3,11 hinweisen; d. h. sie ist mit der Jesusgeschichte, wie die Synoptiker sie überliefern, vertraut. Bei den dramatischen Dialogen ist jede Leserin, jeder Leser unmittelbar beteiligt. Der Leser, Hörer, Zuschauer «steht auf der Seite des Helden. Er teilt seine Perspektive. Er glaubt an ihn. Er gehört zu den ‹Kindern Gottes›. So spielt sich vor seinem geistigen Auge das Drama seiner eigenen Existenz ab» (ebd.). Im Johannesevangelium wird der zentrale Konflikt zwischen dem ungläubigen Kosmos, repräsentiert durch «die Juden», und den «Kindern Gottes» ausgetragen. Theologisch verstanden geht es um den Streit zwischen dem Repräsentanten Gottes und seinem Widersacher, dem Herrscher dieser Welt (Joh 12,31; 14,30; 16,11), d. h. zwischen Jesus Christus und dem Teufel. Das Evangelium stellt diesen Kampf als «weltgeschichtliches und damit apokalyptisches Drama dar» (Berger 1997, 170). Hier wird eine Verbindung mit der Offenbarung des Johannes erkennbar (vgl. Heymel, 50–52). Der Streit um die Weltherrschaft fängt an mit dem Kommen des Logos in sein Eigentum und wird mit Jesu Tod am Kreuz als seiner «Erhöhung» entschieden. Die Tragödie deutet sich bereits im Prolog an: «Die Seinen nahmen ihn nicht auf» (Joh 1,11b). In den folgenden Szenen vollzieht sich die eigentliche Handlung des Evangeliums, die Scheidung der Menschenwelt in den ungläubigen Kosmos und in die «Kinder Gottes», in der zugleich die Entscheidung über Leben und Tod fällt. Hier sind die Hörerin und der Zuschauer Mitwirkende (vgl. Schenke, 221). Sie werden zu Zeugen des Urteils (*krisis*), das in Jesu Tod über die Welt ergeht: er hat den Teufel besiegt, und der Teufel wird als Herrscher dieser Welt hinausgeworfen (Joh 12,31).

Im vierten Evangelium weist Jesus «immer wieder darauf hin, dass er und sein Wirken nach seiner Rückkehr zum Vater präsent bleiben» (Schenke, 24). Er bleibt für seine Jünger in seinem Wort und seinen Geboten (Joh 14,25f; 15,11f.), insofern seine Worte «Geist und Leben» (Joh 6,63) sind. Zusammen mit dem Vater und im Heiligen Geist wird er bei ihnen bleiben (Joh 14,18–24; 14,16f; 16,13). Die Erzählung des Evangeliums stellt das Handeln Jesu und der Menschen, die ihm begegnen, nicht nur dar, es vergegenwärtigt sie. Für Hörer und Leserinnen, die diese Handlung erleben, wird die Geschichte Jesu Gegenwart. Sie werden mit dem Handeln Jesu konfrontiert. Damit wird die Hörerin, der Leser auf die «eigene Gegenwart verwiesen, in der er lebt und sein Leben gewinnen muss» (Schenke, 28).

Eine Hinführung zum Glauben an Jesus

1. Prolog (1,1–18)

In und hinter der Geschichte Jesu, die das Evangelium erzählt, ereignet sich, dem Prolog zufolge, eine kosmologische Geschichte, in der Gottes Wort in die Welt eintritt, den Satan überwindet und zum Vater zurückkehrt (JANT, 156). Beide Geschichten sind zusammen zu sehen. Der Prolog lässt sich als Einführung, theologische Grundlegung des Evangeliums und Leseanweisung für den Gesamttext verstehen:

> «alles Wesentliche, was im Evangelium selbst zur Sprache kommt, ist (als solches!) zurückreflektiert in seinen ewigen Grund, wie der Prolog ihn bestimmt hat. Das gilt spezifisch für die ‹Reden› des Evangeliums, in denen der fleischgewordene Logos *sich* aussagt und ausspricht; denn darin artikuliert der ewige Logos sich selber» (Ringleben, 3).

Form und literarischer Charakter: Der Text gliedert sich in folgende Teile: (a) V. 1–5, (b) V. 6–8, (c) V. 9–13, (d) V. 14+16, (e) V. 15, (f) V. 17–18. Rhythmisch-poetische (a, c, d) und prosaische Verse (b, f) wechseln sich ab, weshalb in der Forschung zwischen ursprünglichem Hymnus und Kommentar des Evangelisten unterschieden wurde. Der poetische Text handelt vom Wort (*logos*), das von Gott her als Licht in die Welt kommt, «Fleisch» (*sarx*) wird und von den Glaubenden aufgenommen wird. Die

Teile a–c sprechen in der dritten Person vom Logos, der als das wahre Licht jeden Menschen erleuchtet, Teil d führt das «Wir» der Glaubenden ein, die seine Herrlichkeit sahen. Der prosaische Text spricht von Johannes dem Täufer, der von Gott gesandt wird, um von dem Fleisch gewordenen Logos Zeugnis abzulegen. Erst in Johannes 1,14+17 wird dieser als Jesus Christus identifiziert.

Mit der Gliederung verbinden sich verschiedene Hypothesen zur Deutung des Prologs. Wurde hier ein Logos-Hymnus zum Prolog des Evangeliums umgestaltet, indem man Verse über den Täufer einfügte? Oder wurde ein Christuslied zu einem Logos-Hymnus umgeschrieben? Da die Frage der Entstehung sich nicht abschliessend klären lässt, wird hier von Johannes 1,1–18 als literarischer Komposition ausgegangen (vgl. Thyen, 64).

Ob die Verse je als «Hymnus» im Gottesdienst gesungen wurden, weiss man nicht. In poetischer Form loben sie in drei Strophen den Logos als Mittler der Schöpfung (Joh 1,1–5), der Offenbarung Gottes in der Geschichte Israels (Joh 1,6–13) und der Erlösung der Glaubenden durch Jesus Christus (Joh 1,14–18) (vgl. Söding, 25–30). Vergleichbare Hymnen finden sich in neutestamentlichen Briefen (Phil 2,6–11; Kol 1,15–20; 1Tim 3,16).

Inhaltlich redet Johannes 1,1–5 (1. Strophe) vom Logos als Schöpfungsmittler. In Anspielung auf Genesis 1,1 greift diese Strophe noch hinter den Anfang der Schöpfung durch Gottes Sprechen zurück. «Logos» umfasst das Wort, das Sprechen und seinen Sinn. Dahinter steht das hebräische *dabar,* das ein Kraft- und Tatwort meint. Johannes 1,3 hält fest: Die Welt ist Gottes gute Schöpfung. Johannes 1,4 rekapituliert den ersten Schöpfungsakt, die Erschaffung des Lichts (Gen 1,3ff.), das als Licht des Lebens und der Wahrheit erscheint (Ps 36,10; 43,3; 119,105).

Johannes formuliert indirekt eine christologische Aussage, wenn er das Licht, das der Welt das Leben schenkt, als das Licht des göttlichen Logos kennzeichnet. Hier hat Jesu Offenbarungswort «Ich bin das Licht der Welt» (Joh 8,12; 9,5) theologisch seinen Ursprung. Von Johannes 1,1–5 her ist Jesus der inkarnierte Logos, der schon vor der Schöpfung existierte und durch den alles geschaffen ist (vgl. Hebr 1,2b–3). Ähnlich sprechen frühjüdische Schriften wie Jesus Sirach und die Weisheit Salomos von der präexistenten Weisheit (Sir 24; Weish 7-9).

Johannes 1,6–13 (2. Strophe) verortet die Offenbarung Gottes durch den Logos in der Geschichte Israels, indem die Figur Johannes des Täufers eingeführt wird (der hier gerade *nicht* als Täufer, sondern nur als Zeuge Jesu erscheint). Der als wahres Licht kommende Logos wird von der Welt verkannt und von seinem Volk (Israel als Gottes «Eigentum»: Ex 19,5; Dtn 14,2; 26,18) abgelehnt, nur die Glaubenden nehmen ihn auf – wie es das Geschick Jesu war. Die Gotteskindschaft durch eine neue Geburt (Joh 1,12f.), von der die Strophe spricht, wird auch von Jesus selbst den Glaubenden verheissen (Joh 3,3ff.). Von einer Jungfrauengeburt Jesu spricht Johannes nicht. Von Johannes 1,6–13 her erschliesst sich seine Israel-Theologie und die Dialektik von Ablehnung und Annahme des Wortes Gottes, die bereits im Alten Testament (vgl. das Geschick Moses und der Gerichtspropheten) und in der frühjüdischen Weisheitstheologie reflektiert wird.

Johannes 1,14–18 (3. Strophe) handelt von der Inkarnation des Logos und davon, wie dieses Geschehen von den Glaubenden wahrgenommen wird. Bis zu dem Spitzensatz «Und das Wort, der Logos, wurde Fleisch und wohnte unter uns» (Joh 1,14) könnte der vorhergehende Text auch ein Midrasch über Genesis 1,1–5 bzw. ein Stück nichtchristlichen jüdischen Denkens sein, das

Himmel und Erde durch das «göttliche Wort» (Philo von Alexandrien) oder die Weisheit (hebr. *chokmah*, griech. *sophia*: Spr 8,22–31; Sir 24; Weish 7,22–10,21; Bar 3,9–4,4) verbunden sieht. Vor diesem Hintergrund wurde vorgeschlagen, den Logos als Thora zu interpretieren, eine Lesart, die sich mit Philo und der rabbinischen Literatur stützen lässt (Schoneveld, 40ff.; Schneider, 337).

In Johannes 1,14 wird Jesus als Fleisch gewordenes Wort und einzig vom Vater geboren (*monogenēs*) identifiziert. Wörtlich übersetzt heisst es vom Wort: «es zeltete unter uns», womit auf das «Zelt der Begegnung» mit der Bundeslade angespielt wird, wo Gott inmitten seines wandernden Volkes wohnt (Ex 33,7–11; 40,34–38; 1Kön 6,13). Jetzt wird Gottes Herrlichkeit (*doxa*), d. h. der Lichtglanz, die Klarheit, die Gott in der Begegnung mitteilt, an Jesus anschaulich. Damit ist auch Jesu Tempelwort (Joh 2,19) vorbereitet. Ein reformierter Exeget hat schon früh auf den Zusammenhang dieses Wortes mit dem «Zelten» in Johannes 1,14 hingewiesen: Die menschliche Natur Jesu, in der Gott sein Tabernakel hat (das lat. *tabernaculum* steht für hebr. *mischkan*, griech. *skēnē* = Zelt, Heimstätte), ist sinnverwandt mit seinem Leib als Tempel (D'Outrein, 32–42). Johannes 1,17 klärt das Verhältnis zu Mose und zur Thora: Die Mitteilung von Gnade und Wahrheit durch Jesus steht zur Gabe der Thora durch Mose nicht in Gegensatz, sondern macht vielmehr offenbar, wer ihr eigentlicher Geber ist (vgl. Ex 34,6; Ps 25,10; 86,15; 103,8). Von Johannes 1,14–18 her erscheint Jesus als einzigartiger «Exeget» des Vaters, der selbst Gnade und Wahrheit in Fülle schenkt (vgl. Joh 14,6), weil er aus intimer Gottesnähe («des Vaters Schoss/Brust») kommt, der *eine* Sohn (Joh 3,16.18) des *einen* Gottes, eins mit dem Vater.

2. Johannes der Täufer (1,19–36; 3,22–30; 10,41–42)

Das Johannesevangelium enthält in den Kapiteln 1–10 verschiedene Nachrichten über den Täufer, die bei den Synoptikern fehlen (vgl. Berger 1997, 145–156). Aus ihnen ist zu erfahren, wer Johannes der Täufer ist und worin seine Aufgabe besteht. Er ist wie Jesus von Gott gesandt (Joh 1,6; 3,28). Er gibt Zeugnis von Jesus. Damit wird er der Zeugenreihe Moses und der Schrift, d. h. des Alten Testaments, zugeordnet. Seine Anhänger haben ihn offensichtlich «das Licht» genannt, weil sie in ihm eine priesterlich-messianische Figur sahen. Der Evangelist spricht dies an, macht aber von Anfang an den Anspruch exklusiv für Jesus geltend: «Ich bin das Licht der Welt» (Joh 8,12; 9,5). Vorher heisst es über den Täufer: «Dieser kam zum Zeugnis, um Zeugnis abzulegen von dem Licht [...] Nicht er war das Licht, sondern Zeugnis sollte er ablegen von dem Licht» (Joh 1,7f.). Im Gespräch mit «den Juden» gibt Jesus zu: Er «war die Fackel, die brennt und scheint; ihr aber wolltet nur eine kurze Zeit fröhlich sein in ihrem Licht» (Joh 5,35).

Der Täufer selbst sagt über seine Beziehung zu Jesus: «Jener muss wachsen, ich aber abnehmen» (Joh 3,30). Hier liegt es nahe, an Sonne und Mond zu denken, die zwei Grössen von ungleicher Leuchtkraft sind. Das Bild vom Wachsen und Abnehmen schliesst ein, dass mit der wahren Sonne der Tag kommt.

Was die Synoptiker sonst über den Täufer berichten, fehlt bei Johannes. «Von Umkehrpredigt und Forderung nach Früchten der Busse, von Gerichtsdrohung und Feuer, von Prophetentracht und -nahrung, von Martyrium und Begräbnis des Täufers ist [...] mit keinem Wort die Rede» (Berger 1997, 147). Der Täufer ist nur als Lehrautorität und Begründer einer Schule von Bedeutung. Er tauft zwar, aber das heisst lediglich, dass die Täuflinge seine Würde als Lehrer anerkennen, wenn sie sich von ihm taufen lassen. Die jüdischen Autoritäten wundern sich dagegen, dass er tauft, obwohl er weder der Messias noch Elia noch ein Prophet ist (Joh 1,25).

Nach Johannes wird Jesus nicht vom Täufer getauft. Im Gegensatz dazu erzählen die Synoptiker, dass Jesus vom Täufer getauft wurde (Mk 1,9–11; Mt 3,13–17; Lk 3,21f.). Möglicherweise wollen sie damit ihre Taufpraxis legitimieren, während Johannes auf eine solche Legitimation verzichtet. Ob das Gespräch Jesu mit Nikodemus auf die Taufe anspielt (Joh 3,5), ist strittig. Denkbar ist jedoch, «dass Jesus sagen will: Der Eingang in das Reich Gottes setzt die neue Geburt voraus, die durch die Taufe und den Geist Gottes gewirkt wird» (Schneider, 93).

Johannes legt Wert darauf, dass der Täufer bestreitet, der Messias, Elia oder ein Prophet zu sein. In einem Ich-bin-Wort sagt der Täufer über sich selbst: «Ich bin die Stimme des Rufers in der Wüste: Macht gerade den Weg des Herrn!» (Joh 1,23). Wie Jesus stellt er sich als Gesandten Gottes vor. Demgegenüber erscheint Jesus im Prolog als der Fleisch gewordene Logos. Das entscheidende Zeugnis des Täufers nimmt darauf Bezug: «Der nach mir kommt, ist vor mir gewesen, denn er war, ehe ich war» (Joh 1,15). Sind hier nur Zeitverhältnisse gemeint? Oder ist Jesus «früher», weil er den ewigen Logos verkörpert? Die Aussage deutet auf einen Vorrang an Weisheit bei dem Jüngeren hin, dem hier die grössere Autorität zukommt.

Der Täufer macht den Messias offenbar, der verborgen unter dem Volk schon da ist: «Seht, das Lamm Gottes, das die Sünde der Welt hinwegnimmt» (Joh 1,29.36). Nur das Johannesevangelium überliefert, dass Jesus zunächst wie der Täufer mit Wasser tauft (Joh 3,26) oder sogar taufen lässt (Joh 4,2). Dies mag erstaunen, ist aber aus historischer Sicht durchaus denkbar. Die Ankündigung, Jesus werde mit heiligem Geist taufen, erfüllt dann erst der Auferstandene, der seinen Jüngern den Geist einhaucht (Joh 20,22).

Den Täufer unterscheidet von Jesus, dass er keine Wunder gewirkt hat (Joh 10,41). Die Wunder Jesu zeichnen ihn gegenüber dem Täufer aus. Der Täufer bezeichnet sich als Freund des Bräutigams, der sich freut, wenn er dessen Stimme hört (Joh 3,29). Damit schreibt er Jesus die Rolle des Bräutigams zu, der die Braut hat. Dieses Zeugnis ist bedeutsam vor dem Hintergrund von Auseinandersetzungen zwischen Jesus- und Täuferanhängern. Es spricht vom Verhältnis des Messias zu Israel; Freudenrufe wie die des Täufers wird man erst zur Endzeit hören (vgl. Jer 33,11). Nach jüdischem Heiratszeremoniell kann ein Freund die Aufgabe des «Brautführers» übernehmen. Diese Aufgabe sieht der Täufer für sich. Er dient dem Bräutigam als Vermittler und führt ihm am Hochzeitstag die Braut zu (vgl. Schneider, 104; Thyen 2005, 230f.).

Von einem Martyrium des Täufers berichtet Johannes nicht. Denn sein Ziel ist es, «Jesus als den standhaften und siegreichen Märtyrer zu zeigen» (Berger 1997, 154), der als am Kreuz Erhöhter alle zu sich zieht (Joh 12,32). Der Täufer soll nicht gleichrangig als Märtyrer wie Jesus erscheinen. Mit seiner Darstellung, die deutlich herausstellt, dass der Täufer nur ein Mensch, Jesus dagegen der leibhaftige Ort Gottes ist (Joh 1,14; 2,21), wirbt der Evangelist um weitere Jünger des zu dieser Zeit nicht mehr lebenden Täufers.

3. Sieben Zeichen der Herrlichkeit

Der Terminus «Zeichen» kommt bei Johannes 17-mal vor. Gemeint sind bedeutsame Taten Jesu, die zum Glauben an Jesus als den Messias und Gottessohn führen sollen. Für die späteren Glaubenden sind sie nur aussagekräftig, «insofern die Jünger sie mit gläubigen Augen anschauen und Jesu Herrlichkeit in ihnen erkennen» (Schnackenburg I, 345).

3.1 Die Hochzeit in Kana (Joh 2,1–11)

Im antiken Skythopolis, das zur hellenistisch geprägten Dekapolis (Zehn Städte) am Südrand Galiläas gehört, fanden sich Überreste eines grossen Tempels (70 x 30 m), der Dionysos geweiht war, dem Gott des Leben spendenden Weinstocks und des Geist verleihenden Weins (Schein, 29). Zur Zeit Jesu hiess der Ort Nysa. Ein Dionysos-Mosaik, das einmal ein vornehmes Haus zierte, ist noch heute in Sepphoris zu sehen, 6 Kilometer von Nazaret entfernt. An vielen Orten begegnete man dem Weingott, der Lebensfreude schenkte. Der jüdische Philosoph Philo schreibt über ihn:

> «Dionysos kultivierte den Weinstock und gewann ein Getränk aus ihm, das Köstlichste und zugleich das Wohltuendste für Seelen und Körper. Die Seele versetzt er in einen Zustand der Fröhlichkeit, indem er sie die Plagen vergessen und auf Gutes hoffen lässt, während er den Körper gesünder, stärker und beweglicher macht. Auch im persönlichen Leben macht er jeden Menschen besser und verwandelt das armselige und mühsame Dasein vielköpfiger Familien und Anverwandten zu einer ungebundenen Form und heiteren Lebensweise,

und alle griechischen und barbarischen Städte versorgt er mit einer fortwährenden Folge von Tafelfreuden, Lustbarkeiten, Festen und Feiern. Denn er [Dionysos bzw. der Wein] ist unvermischt Urheber aller genannten Dinge» (Legatio ad Gaium 82f.).

Auch als Jude in Galiläa stiess man auf Spuren des Dionysos. Von Dionysos-Festen werden ähnliche Weinwunder wie bei der Hochzeit in Kana erzählt. Bousset berichtet, was aus Griechenland überliefert wurde:

«In Elis pflegte man am Abend des beginnenden Festes unter Anwesenheit angesehener Männer drei leere Krüge im Heiligtum des Dionysos aufzustellen, dann wurden die Türen verschlossen, und am anderen Morgen fand man die Krüge mit Wein gefüllt vor. Hier dürfen wir die Genesis des Weinwunders von Kana vermuten! Der Epiphanie des Gottes Dionysos und ihrem Wunder stellte man die Epiphanie des neuen Gottes gegenüber» (Bousset, 75).

Bousset weist darauf hin, dass das Datum des Dionysosfestes, die Nacht vom 5./6. Januar, mit dem Termin des christlichen Epiphaniefestes zusammenfällt.

Bei festlichen Gelagen in den Häusern der Reichen, die sich den Bräuchen der Griechen und Römer anpassten, mag Dionysos Wein und Festfreude gespendet haben. In den Dörfern Galiläas warteten Jüdinnen und Juden auf die Hochzeit Gottes mit seinem Volk (Jes 62,4–5), die seinen Frieden zu dem Land bringen würde, wo jetzt eine Besatzungsmacht regiere.

Johannes erzählt nun, was bei einer Hochzeit in Kana geschieht, zu der Jesus, seine Mutter und seine Jünger eingeladen sind. «Am dritten Tag» beginnt die Hochzeit. Die Zeitangabe spielt an auf die «Vermählung» Gottes mit seinem Volk am Sinai, die nach Tagen der Reinigung am dritten Tag erfolgt (Ex 19,10f.), und weist voraus auf den Tag der Auferstehung Jesu. Eine Woche lang wird gefeiert, und vorzeitig geht der Wein aus. Auf Marias Feststellung scheint Jesus schroff zu reagieren: «Was hat das mit dir und mir zu tun, Frau?» (Joh 2,4), wörtlich: Was ist zwischen dir und mir? «Frau» war eine übliche, keineswegs respektlose Anrede. Auch der Gekreuzigte wird seine Mutter so ansprechen (Joh 19,26). Maria erscheint als wahre Israelitin, wenn sie die Diener anweist: «Was immer er euch sagt, das tut» (Joh 2,5). Diese Weisung erinnert an Israels Gelöbnis am Sinai: «Alles, was der Herr geboten hat, wollen wir tun» (Ex 19,8), und sie zitiert, nicht ohne Witz, das Wort des Pharao zu den Ägyptern während der Hungersnot: «Geht zu Josef; was er euch sagt, das sollt ihr tun» (Gen 41,55).

Obwohl Jesus in Kana erklärt, seine Stunde sei noch nicht gekommen, lässt er das Wunder geschehen. Genauer gesagt: Die *Diener* tun auf sein Wort hin etwas ganz Profanes: sie füllen sechs Wasserkrüge, die zusammen etwa 600 Liter fassen, mit Wasser und bringen eine daraus geschöpfte Probe dem Speisemeister. Dieser kostet den Wein, der Wasser gewesen war. Unbemerkt hat es sich auf Jesu Wort hin verwandelt. Der folgende Wortwechsel erweist Vorkoster und Bräutigam als gleichermassen Ahnungslose. Im Hintergrund wird der fremde Gast Jesus sichtbar, der soviel köstlichen Wein für «seine Stunde» der Hochzeitsfeier aufbewahrt hat.

Am Ende der Geschichte heisst es: «Das tat Jesus als Anfang der Zeichen in Kana in Galiläa, und er offenbarte seine Herrlichkeit, und seine Jünger glaubten an ihn» (Joh 2,11). Die Hochzeitsgäste haben vom Wunder nichts mitbekommen. Sie kommen nicht zum Glauben. Der göttliche Lichtglanz Jesu bleibt ihnen verborgen. Doch sie verdanken ihm die mit gutem Wein gefüllten Krüge! Was des Menschen Herz erfreut, gönnt Jesus also den Menschen. Er ist keiner, der selbst aus dem Vollen schöpft, andere aber leer ausgehen lässt. Jesus gönnt allen Menschen die Fülle des Lebens und der Freude.

Die ganze Szene weckt Assoziationen, die sich erst im Kontext des Evangeliums und im grösseren Zusammenhang der biblisch-jüdischen Tradition erschliessen. Johannes der Täufer, der treue Zeuge, wird auf Jesus als den wahren Bräutigam hinweisen, dessen Hochzeitsfreude er teilt (vgl. Joh 3,28–30). In den Abschiedsreden, die er beim Abendessen vor dem Passahfest (Joh 13,1–2) hält, sagt Jesus seinen Jüngern: «Ich bin der Weinstock, ihr seid die Reben» (Joh 15,5). Der gute Wein ist da, *in ihm*, und für sie als die Reben gilt es, in ihm zu bleiben und viel Frucht zu bringen.

Im Deuteronomium heisst es: «Und Traubenblut trinkst du schäumend» (Dtn 32,14), nämlich als Wein, und die Rede ist von der Zeit, da Frieden eingekehrt sein wird. Auch die syrische Baruch-Apokalypse schildert das messianische Reich als ein Zeitalter, in dem es Wein in Fülle geben wird:

«Und es wird geschehen, dass, wenn alles, was kommen soll, […] erfüllt worden ist, der Gesalbte anfängt, ans Licht zu kommen […] Die Erde wird zehntausendfach Früchte hervorbringen. Und an einem Weinstock werden tausend Zweige sein, und ein Zweig wird tausend Reben tragen, und eine Rebe wird tausend Weintrauben tragen, und eine Traube wird 2 Liter Wein erzeugen» (2Bar 29,3.5).

Das alles sind Bilder, mit denen die Freuden der Endzeit ausgemalt werden. Da wird ein grosses Freudenmahl sein, bei dem reichlich Wein fliesst (Jes 25,6; Hos 2,16–24). Jesus gibt durch sein Handeln zu verstehen: diese Zeit des Heils hat schon begonnen. Er, der messianische Bräutigam, bringt Freude in Fülle, und bei ihm kommt zuletzt – das Allerbeste!

3.2 Der königliche Beamte aus Kafarnaum (Joh 4,46–54)

Das zweite Wunder ereignet sich wieder in Kana. Johannes variiert hier die Geschichte des römischen Hauptmanns von Kafarnaum (Mt 8,5–13; Lk 7,1–10). Ein in Kafarnaum lebender Mann wandert hinauf nach Kana, sechs Stunden erschöpfender Fussmarsch (vgl. Schein, 81f.), geht zu Jesus und bittet ihn, hinabzukommen. Er hat einen schwerkranken Sohn, dessen Heilung er von Jesus erhofft. Der Bezeichnung *basilikós* nach handelt es sich um einen Beamten oder einen Offizier. Als Beamter des Königs Herodes Antipas kann er Jude gewesen sein, als Offizier war er vielleicht Heide. Zunächst weist Jesus die Bitte zurück. Der Vater lässt sich jedoch nicht abweisen. Er drängt zum Aufbruch, da der Sohn in Lebensgefahr schwebt. Jesus geht nicht mit ihm. Stattdessen entlässt er ihn mit dem Wort: «Geh, dein Sohn lebt!» (Joh 4,50). Das Wunder der Heilung hat sich bereits ereignet. Der Mann glaubt dem Wort Jesu, obwohl er sich nicht überzeugen kann, ob Jesus die Wahrheit gesagt hat. Wie er im Nachhinein erkennt, geschah die Heilung genau in jener Stunde, als Jesus ihm gesagt hatte: «Dein Sohn lebt.» Dieser Schlüsselsatz kommt im Text dreimal vor. Der Beamte und sein ganzes Haus werden gläubig.

Die Erzählung stellt dar, worin die rechte Art des Glaubens besteht: es ist kein Glaube, der auf Zeichen und Wundern beruht, sondern ein Glaube, «der sich an das Wort Jesu hält [...] und für den das Wunder höchstens die Bestätigung des [...] Glaubensaktes ist» (Schneider, 122). In Jerusalem glaubten viele an Jesus, weil sie seine Zeichen gesehen hatten (Joh 2,23). Aber bei den Samaritanern (Joh 4,42) und bei dem Mann aus Kafarnaum ist es ein Glaube, der sich allein auf sein Wort verlässt.

In dreifacher Hinsicht unterscheidet sich diese Erzählung von der synoptischen Version: 1. Jesus spricht sein heilendes Wort nicht in Kafarnaum, sondern 30 Kilometer von dort entfernt. 2. Es ist kein Knecht, sondern der Sohn, den Jesus mit seinem lebendig machenden Wort dem Vater zurückgibt. 3. Der römische Hauptmann wird ersetzt durch einen herodianischen Beamten. Der Mann aus Kafarnaum ist «nicht mehr die Ausnahme eines glaubenden Heiden unter vielen ungläubigen Juden, sondern [...] der exemplarische Fall der freundlichen Aufnahme, die Jesus unter den Galiläern erfahren hat, und des Glaubens, den er dort fand» (Thyen 2005, 289).

3.3 Heilung am Teich Betesda (Joh 5,1–18)

Ort des Geschehens ist der beim «Schaftor» gelegene Teich Betesda in Jerusalem. In der Nähe des «Schaftors» befand sich eine durch fünf Säulenhallen geprägte Badeanstalt mit dem Beinamen Betesda, die vom Volk als «Haus der Gnade» gedeutet wurde (vgl. Thyen 2005, 297f.). In den Hallen, aber auch in kleinen Grotten am Teich warteten Kranke darauf, dass das Wasser sich bewegte, um hineinzusteigen und Heilung zu erfahren. Ein Zusatz, der in alten Handschriften fehlt, bemerkt, ein Engel des Herrn habe von Zeit zu Zeit das Wasser bewegt (die Zürcher Bibel folgt in Johannes 5,4 den Handschriften, die den Vers einfügen). Wahrscheinlich löste vom Nordteich neu einströmendes Wasser die Bewegung aus.

In der Zeit des Laubhüttenfestes begegnete Jesus in einer der Hallen einem Mann, der seit 38 Jahren krank war. Die Zahl erinnert an die 38 Jahre der Sünde Israels, nach denen eine neue Generation ins verheissene Land zog (Dtn 2,14). Im Wissen um die Lage des Lahmen fragt Jesus ihn: «Willst du gesund werden?» (Joh 5,6). Die Frage scheint widersinnig, doch ihr Sinn erschliesst sich von der Zeitangabe und Johannes 5,14 her, wo Jesus zu dem Geheilten sagt: «Du siehst, du bist gesund geworden. Sündige nicht mehr, damit dir nicht etwas Schlimmeres widerfährt!» Jesus sieht einen Zusammenhang zwischen Krankheit und Sünde; weil er «weiss, was im Menschen ist» (Joh 2,25), sieht er tiefer und erkennt, wie sehr der Lahme abhängig ist von dem, was andere tun. Dessen Auskunft bestätigt das: Er habe keinen Menschen, der ihn in den Teich trage. Jedes Mal komme ein anderer ihm zuvor. Da fordert Jesus ihn wörtlich auf: «Steh auf, nimm deine Liege und geh hin!» (Joh 5,8; anders Zürcher Bibel). Mit einem Schlag ist der Mann gesund, nimmt seine Liege und geht. Jesus hat ihn zu selbstständigem Handeln ermächtigt. Johannes zeigt: Nicht das Wasser hat den Lahmen geheilt, sondern das befreiende Wort Jesu (vgl. Joh 8,34–36).

Der Heilungsgeschichte schliesst sich ein Streitgespräch an (Joh 5,10–18), eingeleitet durch einen Hinweis auf den Sabbat, der sofort an synoptische Streitgespräche über die Frage denken lässt, was der Mensch am Sabbat tun darf und was nicht (z.B. Mk 2,1–12). Der Geheilte wird von «den Juden» verhört, die ihm Übertretung des Sabbatgebots vorwerfen. Ohne Erfolg versuchen sie, den Anstifter zu ermitteln. Im Tempel begegnet Jesus dem Mann erneut und warnt ihn (Joh 5,14). Der Mann ist gesund geworden und von der Sünde befreit, aber er ändert sein Leben nicht. Statt seinem Wohltäter zu danken, zeigt er ihn bei «den Juden» an. Jesus rechtfertigt sein Tun, indem er erklärt: Wie mein Vater bis jetzt wirkt, so wirke auch ich. Das heisst, ich tue, «was ich als Sohn meines Vaters tun muss und darf» (Barth 1999), weil sein Wirken unaufhörlich – auch nach seiner Sabbatruhe (Gen 2,3) – weitergeht. Die Ankläger suchen Jesus daraufhin erst recht zu töten, denn nach ihrem Urteil macht er sich mit Gott gleich.

In einer grossen Rede (Joh 5,19–30) tritt er seinen Anklägern souverän als von Gott bevollmächtigter Ankläger entgegen. Mit dieser Vollmacht wird er Tote lebendig machen und Gericht halten, was nach jüdischer Tradition Gott am jüngsten Tag vorbehalten ist (vgl. das Sch{e}mone Esre, 2. B{e}rachá; Dtn 32,39; 1Sam 2,6; Jes 26,19; Dan 12,2).

3.4 Speisung der Fünftausend (Joh 6,1–15)

Auch diese Szene wird mit Orts- und Zeitangaben eingeleitet. Die Bezeichnung des Sees Gennesaret (Lk 5,1) nach der 26/27 n. Chr. gegründeten hellenistischen Stadt Tiberias ist damals wohl offiziell und kommt nur bei Johannes vor. Jesus hat sich dem feindlichen Judäa entzogen und befindet sich wieder in Galiläa, dem «Land des Glaubens und der Jüngerschaft» (Thyen 2005, 334). Er fährt vom Südufer über den See, während das Volk um den See herum geht, um ihn zu erreichen. Wahrscheinlich kommt er im Fischerdorf Taricheae (= getrockneter Fisch) an, und steigt auf den Berg Arbel (Schein, 100f.). Das Passahfest steht nahe bevor. Alles Folgende soll unter diesem Vorzeichen gelesen werden. Die grosse Volksmenge ist Jesus nachgefolgt, weil sie von seinen Krankenheilungen beeindruckt ist. Es liegt nahe anzunehmen, dass sie weitere Heilungen erwartet.

Jesus sieht die Menschenmenge und erkennt sofort, dass sie hungrig ist. «Wo sollen wir in dieser abgelegenen Gegend für so viele Menschen Brot kaufen?» (Joh 6,5; anders Zürcher Bibel). Mit dieser Frage wird Philippus auf die Probe gestellt, der nur den Mangel konstatieren kann: 200 Denare reichen dafür nicht aus. Auch Andreas, der nur einen Jungen mit fünf Gerstenbroten (vgl. 2Kön 4,42–44) und zwei Fischen findet, fragt skeptisch: «Was ist das für so viele?» (Joh 6,9). Jesus handelt souverän, wie der Erzähler von Anfang an hervorhebt: «er wusste genau, was er tun wollte» (Joh 6,6). So gebietet er, dass die Menschen sich lagern, nimmt die Brote, spricht den Segensspruch, wie es jüdische Tischsitte ist, und verteilt Brote und Fische. Wie alle gesättigt wurden, wird nicht erklärt. Die 12 Körbe voll übriger Brocken, die die Jünger aufsammeln, unterstreichen die Grösse des Wunders.

Die Menschen sehen in Jesus einen verheissenen Propheten wie Mose (Dtn 18,15). Als sie ihn ergreifen und zum König machen wollen, entzieht er sich ihnen. Ein politischer Befreier Israels will er nicht sein, sein Königtum ist anders (vgl. Joh 18,36). Er zieht sich allein ins Bergland zurück.

3.5 Der Gang auf dem Wasser (Joh 6,16–21)

Die Jünger, die vergeblich auf Jesus gewartet haben, wollen ohne ihn über den See fahren, um nach Kafarnaum zu gelangen. Auf halber Strecke, etwa fünf Kilometer vom Ufer entfernt, geraten sie in der Dunkelheit in einen Sturm. Sie sehen, dass eine Gestalt über den aufgewühlten See geht und sich dem Boot nähert. Die

Erscheinung erschreckt sie. Da gibt Jesus sich zu erkennen: «Ich bin es, fürchtet euch nicht!» (Joh 6,20). In diesem absoluten «Ich bin es» (vgl. Joh 4,26; 8,24 u. ö.) ist dieselbe Stimme zu hören, die zu Mose am Dornbusch sprach: «Ich werde sein, der ich sein werde» (Ex 3,14; vgl. Jes 43,3.11). Jesus erscheint als der Mensch, in dem Gott gegenwärtig da ist. Er, der das schöpferische Wort im Anfang war, hat sich offenbar viel schneller als das Boot auf dem See bewegt. Er kommt zu den Jüngern, steigt aber nicht zu ihnen ins Boot. Von einer Sturmstillung ist keine Rede.

Johannes hat in dieser Szene die beiden Speisungserzählungen des Markus (Mk 6 und 8) verdichtet und «den nächtlichen Kurs des Bootes und des ‹Seewandels› Jesu umgekehrt» (Thyen 2005, 342).

3.6 Heilung eines Blindgeborenen (Joh 9,1–41)

Anders als in synoptischen Vorläufern (Mk 8,22–26; 10,46–52) geschieht dieses Wunder in Judäa und nicht in Galiläa. Die Erzählung bietet ein eigenes kleines Drama mit sieben Auftritten der beteiligten Personen. Es beginnt damit, dass Jesus einen blindgeborenen Mann trifft. Die Begegnung könnte auf dem Marktplatz im Südwesten des Jerusalemer Tempelbergs stattgefunden haben, wo viele Bettler auf Besucher des Tempels warteten (Schein, 123). Jesus sieht den Blinden und zugleich seine ganze Lebensgeschichte. Auf die Frage der Jünger, wer gesündigt habe, der Blinde selbst oder seine Eltern, antwortet er, indem er die Perspektive der Fragesteller umkehrt: Es geht nicht um die Ursachen, sondern um das *télos,* das göttliche Ziel. Der Mann ist blind geboren, «damit die Werke Gottes an ihm offenbar würden» (Joh 9,3).

Nur von Jesus wird erzählt, dass er Blinde heilt. Weder sonst in antiken Texten noch im Alten Testament wird von solchen Heilungen berichtet. Gott allein vermag Blinde sehend zu machen (Ex 4,11; Ps 146,8), wie es in der messianischen Heilszeit geschehen wird (Jes 29,18; 35,4f.). Einzig sein erwählter Knecht ist dazu bestimmt, blinde Augen zu öffnen (Jes 42,6f.). Vor diesem Hintergrund wird deutlich, dass Jesus hier als Gottes Gesandter dessen eigenes Werk ausführt und seine Jünger im «Wir» (Joh 9,4) in seine weitergehende Sendung einschliesst. Er heilt die Augen des Blinden mit einem Teig aus Speichel und Erde.

Jesus fordert den Mann auf, an den Teich Schiloach zu gehen und sich dort zu waschen (Joh 9,6). Sowohl der Heilungsakt wie das Gebot lassen den symbolischen Horizont des Geschehens erkennen. Dem Wasser des Teichs, der im Südosten des Tempelbergs lag, wurde heilende Kraft zugeschrieben (vgl. 2Kön 5,10–14). Es kam aus der Gihon-Quelle und diente täglichen Wasserspenden zur Zeit des Laubhüttenfestes Sukkot. Der Evangelist fügt nun ausdrücklich die Übersetzung des Namens «Schiloach» mit «Gesandter» hinzu. Bereits Eusebius hat die Stelle mit dem messianisch gedeuteten Segen Jakobs über Juda (Gen 49,8–12) in Verbindung gebracht: Der kommende Herrscher (hebr. *schiloh*) ist identisch mit dem Gottesknecht, der als «Licht der Völker» (Jes 49,6) den Blinden die Augen öffnen soll. Der Blinde wird durch das «lebendige Wasser» von Schiloach wieder sehend. Genauso erhält der Glaube durch Jesus, den messianischen Gesandten, das Licht, das die Welt hell macht.

Das Motiv des «lebendigen Wassers» wird in der Begegnung Jesu mit der Samaritanerin (Joh 4,13ff.) und Jesu Rede auf dem Höhepunkt des Laubhüttenfestes (Joh 7,37–39) wiederkehren. Anders als der Gelähmte, den Jesus heilt, erweist sich der sehend gewordene Blinde in den folgenden Verhören durch die Pharisäer seinem Wohltäter als dankbar (vgl. Schein, 126). Er erkennt in ihm einen Propheten (Joh 9,17) und lässt sich nicht einschüchtern, als man ihn bezichtigt, «ein Jünger jenes Menschen» (Joh 9,28) zu sein. Der Geheilte steht zuletzt als wahrhaft Sehender da, der sich zu Jesus bekennt: «Ich glaube, Herr!» (Joh 9,38). Demgegenüber werden die Pharisäer als geistig Blinde überführt, die sich dem Licht der Welt verschliessen.

3.7 Auferweckung des Lazarus (Joh 11,1–45)

Das «siebte und spektakulärste ‹Zeichen›» (Söding, 65), von dem hier erzählt wird, geschieht zur «Verherrlichung Gottes; durch sie soll der Sohn Gottes verherrlicht werden» (Joh 11,4). In der Auferweckung des Lazarus wird also Gott als Gott und Jesus als Sohn Gottes wahrnehmbar. Sie «offenbart Gott als den, der den Tod überwindet, und Jesus als den, der die Auferstehung und das Leben deshalb bringt, weil er beides in sich trägt und ist» (Söding, 65). Insofern weist sie voraus auf die Auferstehung Jesu.

Die Personen, drei Geschwister aus Betanien, sind aus der synoptischen Tradition, vor allem aus dem Lukasevangelium bekannt. Maria und Marta sind Hauptfiguren einer Szene, in der es um Gottes- und Nächstenliebe geht (Lk 10,38–42). Dort hat Maria «das gute Teil erwählt» (Lk 10,42), weil sie Jesus zu Füssen sitzt, statt wie Marta sich geschäftig um die Bewirtung zu kümmern. Bei Johannes dagegen macht Marta sich auf den Weg zu Jesus und bekennt ihren Glauben an ihn (Joh 11,27), während Maria erst zu Hause bleibt und später den Weg zu Jesus sucht. Johannes sieht in Maria die Frau, die Jesus vor seiner Passion gesalbt hat (Joh 12,1–11), bei den Synoptikern bleibt sie anonym. Ob die Darstellung der Hauptfigur Lazarus auf den «armen Lazarus» (Lk 16,19–31) anspielt, ist umstritten.

Offensichtlich ist hingegen der enge Bezug der Erzählung zur Passionsgeschichte. Die Jünger warnen Jesus, nach Jerusalem zu gehen (Joh 11,8), weil es dort für ihn zu gefährlich sei. Die Auferweckung des Lazarus hat zur Folge, dass der Hohe Rat beschliesst, Jesus zu töten – mit der Begründung, dass es besser sei, «wenn ein einzelner Mensch für das Volk stirbt und nicht das ganze Volk zugrunde geht» (Joh 11,50–52).

Die Geschichte hat folgenden Aufbau: a) Situation: der Tod des Lazarus und Jesu Interpretation (Joh 11,1–6), b) Gespräch Jesu mit den Jüngern (Joh 11,7–16), c) Gespräch mit Marta (Joh 11,17–27), d) Gespräch mit Maria (Joh 11,28–32), e) die Totenerweckung (Joh 11,33–46).

Der Name «Lazarus» ist die Kurzform des biblischen Namens «Elasar» (vgl. Jos 14,1 u. ö.). Die Geschichte führt ihn als Bruder der Schwestern Maria und Marta ein, der in Betanien, drei Kilometer von Jerusalem entfernt, erkrankt war. Die Geschwister gehören zum «engeren Freundeskreis Jesu» (Schneider, 211): zweimal wird erwähnt, dass Jesus Lazarus und seine Schwestern liebt (Joh 11,3.5). Durch einen Boten erfährt er von der Krankheit seines Freundes. Seine Antwort, die Krankheit des Lazarus führe «nicht zum Tod» (Joh 11,4), wirkt zunächst rätselhaft. Erst das Weitere lässt die Lesenden hellhörig werden: «Durch sie soll der Sohn Gottes verherrlicht werden» (Joh 11,4). Im wechselseitigen Verherrlichtwerden von Vater und Sohn klingt das Sterben und Auferstehen Jesu an, und die Auferweckung des Lazarus weist voraus auf die Rettung von der Krankheit der Sünde, die ohne Christus eine «Krankheit zum Tod» ist (vgl. Thyen 2005, 514).

Die folgende Handlung ist unter dem Vorzeichen der Liebe Jesu zu begreifen, die sich vollendet in seiner Lebenshingabe für die Seinen (Joh 13,1) und für seine Freunde (Joh 15,13–15). Der Ausdruck «die Seinen» (vgl. Joh 1,11) bezieht sich auf das jüdische Volk oder die ganze Menschwelt. In Johannes 11 sind hingegen Freunde oder Jünger Jesu im Blick, die eine besondere Beziehung zu ihm haben.

Stehen die Geschwister für die Geliebten Jesu, so wird in dem, was Lazarus erfährt, anschaulich, was allen Glaubenden verheissen ist. Jesus wartet, bis sein Vater ihm Zeit zum Handeln gewährt. Wenn er die Jünger auffordert, wieder mit ihm nach Judäa zu ziehen, ist damit bewusst der Weg in sein eigenes und, wie Thomas begreift, «das mögliche Martyrium seiner Jünger eröffnet» (Thyen 2005, 516). Solange es Tag ist, d. h. «die für das Wirken Jesu bestimmte Zeit währt, kann ihm [und den Seinen!] nichts geschehen» (Schneider, 212). Zuerst in verhüllender Rede, dann unzweideutig direkt spricht Jesus vom Tod des Lazarus, bekundet frei heraus seine Freude, nicht dort, das heisst bei ihm gewesen zu sein, «damit ihr zum Glauben kommt» (Joh 11,15). So hilft er den Jüngern, seine Rede vom Tod des Freundes als Schlaf, aus dem er ihn erwecken will, endlich zu begreifen.

Lazarus liegt bereits vier Tage im Grab, sein Leichnam ist schon in Verwesung begriffen, sodass eine Wiederbelebung ausgeschlossen scheint. Nach jüdischer Sitte sind Trauergäste, das heisst wohl «vorwiegend Freundinnen» (Thyen 2005, 534) der Schwestern, zur gemeinsamen Totenklage gekommen. Marta geht Jesus entgegen, während Maria zurückbleibt. Sie bedauert, dass er nicht rechtzeitig gekommen ist, vertraut aber weiterhin auf seine Hilfe. Seine erste Antwort «Dein Bruder wird auferstehen» (Joh 11,23) wird von Marta als Hinweis auf die zukünftige Auferstehung der

Toten aufgefasst – eine Hoffnung, die zur Zeit Jesu von vielen Jüdinnen und Juden geteilt wurde. Doch seine zweite Antwort in der feierlichen Form eines Ich-bin-Satzes enthüllt, dass Auferstehung und Leben (*zoē*) *gegenwärtig* sind. Jesus sagt zu Marta: «Wer an mich glaubt, wird leben, auch wenn er stirbt» (Joh 11,25), was sie – und die Lesenden mit ihr – nur auf ihren gestorbenen Bruder und sich selbst beziehen kann. Wer immer in Christus, in seiner Wirklichkeit «lebt, für den oder die gibt es keinen Tod. Das heisst nicht, dass der physische Leib nicht stirbt, sondern dass die Seele und der spirituelle Leib nicht sterben, wenn wir an der *zoē* teilhaben» (Sanford 1998, 76). Das «ewige Leben», das den Glaubenden bereits *jetzt* in Christus geschenkt wird, endet auch im leiblichen Tod nicht. Persönlich gefragt, antwortet Marta mit einem freudigen «Ja, Herr, jetzt glaube ich, dass du der Christus bist, der Sohn Gottes, der in die Welt kommt» (Joh 11,27).

Maria geht nach Martas Rückkehr ebenfalls zu Jesus. Das Gespräch mit ihm findet ausserhalb des Dorfes an demselben Ort statt, wo die Schwester ihm begegnet ist. Maria kann jedoch nicht allein mit Jesus sprechen, da die Trauergäste ihren Aufbruch bemerkt haben und ihr nachgeeilt sind. Weinend fällt sie vor ihm nieder, äussert wie die Schwester ihre enttäuschte Hoffnung (Joh 11,32). Es fällt auf, wie bewegend Johannes das Verhalten seines Helden schildert. Jesus ist «von Marias Schmerz und vom Tod seines Freundes Lazarus so sehr berührt […], dass sein Seufzer des Schmerzes und Mitgefühls direkt aus seinem Herzen kommt» (Sanford 1998, 77). Er ist heftig bewegt, tief erschüttert und in der Seele betrübt (vgl. Joh 11,33–38a; Ps 42,6f.12). Als er die Grabstelle sieht, weint er.

«In keinem Evangelium […] ist Jesus als so empfindsam, ja empfindlich gezeichnet wie bei Johannes» (Steiger 1982, 65).

Eine mögliche Erklärung dafür ist, dass Johannes gegen die doketische Lehre der Gnostiker, Christus sei kein wirklicher Mensch gewesen, sondern habe nur zum Schein (griech. *dokein* = scheinen) existiert und gelitten, «einen wirklichen Menschen» zeigt, «mit der ganzen Bandbreite menschlicher Gefühle – obwohl Jesus zugleich ganz göttlich ist, ein Gott mit Herz und Leidenschaft» (Sanford 1998, 77). Das entspricht auch der Eigenart der Propheten Israels, die leidenschaftlich mit Gott mitfühlen, weil sie von seinem «göttlichen Pathos» (Heschel 1975, 1–26) ergriffen sind.

Das Grab des Lazarus wird ähnlich wie das spätere Grab Jesu beschrieben. Es befindet sich in einer Felsenhöhle, für die Antike ein geheimnisvoller Ort. Jesus befiehlt, den davor liegenden Stein zu entfernen. Marta weist auf den Verwesungsgeruch des Leichnams hin; diese Realität lässt sie zweifeln. Was Jesus zuvor in Anwesenheit seiner Jünger (Joh 11,4) gesprochen hat, wiederholt er nun ausdrücklich vor Marta, um ihren Glauben zu festigen: «Wenn du glaubst, wirst du die Herrlichkeit Gottes sehen» (Joh 11,40). Man kann sich vorstellen, dass es still wird, als Jesus die Augen zum Himmel erhebt und betet. Mit lauter Stimme ruft er: «Lazarus, komm heraus!» (Joh 11,43). Das erinnert an seine Rede zu den Juden, dass die Stunde komme, wo die Toten die Stimme des Gottessohnes hören und leben werden (Joh 5,25), aber auch an die Stimme des guten Hirten, der seine Schafe beim Namen ruft und den Seinen das ewige Leben gibt (Joh 10,3.27f.). Wie ein Gespenst erscheint der zum Leben erweckte Tote, eingehüllt in Leichentücher.

Johannes und seine ersten Leser waren zweifellos überzeugt, dass Jesus auch über den physischen Tod Macht erwiesen hatte. Moderne Erklärungsversuche (vgl. Söding, 70) tun die Auferweckung des Lazarus leicht als Erfindung bzw. literarische «Fiktion» ab, ohne sich ernsthaft zu bemühen, die Realität zu verstehen, die jenes «Zeichen» anzeigt. Um eine «symbolische Erzählung» (Thyen 2005, 538) handelt es sich nur insofern, als sie auf eine Wirklichkeit hinweist, die für das menschliche Bewusstsein gewöhnlich nicht zugänglich ist. Nach Sanford deutet sie auf eine spirituelle Erfahrung hin: Sie erzählt davon, «dass neues Leben nur hervorbrechen kann, wenn zuvor der Tod des alten Lebens stattgefunden hat» (Sanford 1998, 79). Lazarus sei als «Bild für die Seele» zu betrachten, die die Erfahrung der *mortificatio* gemacht hat, d. h. «durch Tod und Begrabenwerden hindurchgegangen und zu einem neuen Leben vorgedrungen ist» (ebd.).

4. Der Todesbeschluss des Hohen Rates (Joh 11,46–57)

Nach der Auferweckung des Lazarus wird berichtet, dass viele von den Juden, die Augenzeugen des schockierenden Ereignisses waren, nun an Jesus glaubten. Andere dagegen seien über den Olivenberg geeilt, um die Autoritäten des Volkes zu informieren (Joh 11,45f.). Diese Denunziation und der Ausspruch des Kajafas lösen den Todesbeschluss aus. Johannes weist darauf hin, dass in jenem Schicksalsjahr der Passion Jesu Kajafas amtierender Hoherpriester war; seine Amtszeit – er regierte 18 Jahre (18–36 n. Chr.) – wird als bekannt vorausgesetzt. Als die Nachricht von Jesu erneutem Auftreten sich in Jerusalem verbreitet hat, versammelt sich das Synhedrium auf dem Tempelberg. Die Ratsmitglieder sehen Jesus, der als neuer Josua, Mose und David proklamiert wird und dem Tausende einen grossen Empfang bereiten werden, um ihn zu unterstützen. Ihre Befürchtung ist: Lassen wir ihn weiter gewähren, «so werden alle an ihn glauben» (Joh 11,48). Mit hintergründigem Doppelsinn argumentiert der Hohepriester Kajafas: Es ist besser für euch, «wenn ein einzelner Mensch für das Volk stirbt und nicht das ganze Volk zugrunde geht» (Joh 11,50). «Für das Volk» bedeutet hier «anstelle des Volkes». Der Erzähler kommentiert, Kajafas habe damit, ohne es zu wissen, ein prophetisches Wort gesprochen, denn Jesus sollte tatsächlich zugunsten und zum Heil des Volkes sterben, nicht allein für das Volk Israel, sondern «dass er die zerstreuten Kinder Gottes zur Einheit zusammenführe» (Thyen 2005, 543). Der Todesbeschluss «folgt machiavellistischen Gründen» (Söding, 66) des Machterhalts, wird aber durch den ironischen Kommentar sogleich auf eine andere Sinnebene gehoben, auf der Kajafas als Werkzeug Gottes erscheint.

Jesus flieht mit den Zwölfen. Er ist jetzt ein verurteilter Verbrecher. Er wendet sich nach Nordosten, überquert den Berg Baal-Chazor und führt seine Jünger in ein kleines Dorf am Ende der Wüste, Efraim, wo er die kalten Wintermonate mit Warten verbringt (Joh 11,54; Schein, 143). Kurz vor dem Passahfest sind viele Jüdinnen und Juden aus dem Land nach Jerusalem unterwegs; im Durchschnitt kommen jedes Jahr 100 000 Pilger – in eine Stadt von damals 25 000 Bewohnerinnen und Bewohnern (vgl. Thyen 2005, 546f.). Johannes erzählt, dass nach Jesus gesucht wurde und man sich fragte, ob er zum Fest kommen werde. Hinter dieser Frage der Menge, ob Jesus zum Fest kommen wird, steckt das Wissen, dass die Pharisäer nach ihm fahndan.

5. Die Tempelreinigung (Joh 2,13–25)

Bei den Synoptikern stehen der Einzug Jesu in Jerusalem und die «Tempelreinigung» am Ende des Weges Jesu. Johannes dagegen eröffnet mit dieser dramatischen Szene Jesu Wirken unter den Juden als «den Seinen» (Joh 1,11). Über Kafarnaum geht Jesus im Jordantal über Jericho «nach Jerusalem hinauf» (Joh 2,13). Als thoratreuer Jude ist er wie andere Pilger dorthin zum Passahfest unterwegs. Jesus findet das «Haus seines Vaters» (Joh 2,16) besetzt von Opfertier-Händlern und Geldwechslern. In seinen Augen haben sie den Tempel zum Kaufhaus gemacht. Er treibt die Verkäufer und die Tiere mit einer Peitsche aus dem Tempelbezirk, schüttet die Münzen der Wechsler aus und stürzt ihre Tische um. Nachträglich erkennen die Jünger darin eine in Eifer um das Heilige (Ps 69,10) vollzogene prophetische Handlung. Sie weist auf die messianische Zeit hin, in der «im Haus des Herrn der Heerscharen [...] kein Händler mehr sein» wird (Sach 14,21). Möglicherweise war «der Verkauf von Opfertieren im Tempelbezirk» eine damals «umstrittene Neuerung» (Thyen 2005, 172). Das könnte erklären, weshalb die Verantwortlichen unsicher waren und nicht sofort eingriffen.

Vor «den Juden» soll Jesus sich verantworten, die hier zum ersten Mal im Evangelium als kritische Gesprächspartner und Richter auftreten. Es sind Leute in amtlicher Funktion, die auf Einhaltung der Ordnung im Tempelbezirk achten. Sie fordern eine Erklärung, die Jesu Verhalten legitimiert. Die Antwort, die sie stattdessen erhalten, ist provozierend und rätselhaft: Er kündigt den Abbruch und den Wiederaufbau «dieses Tempels» in drei Tagen an. Wie will er in drei Tagen ein Bauwerk wiederaufrichten, an dem Tausende von Arbeitern 46 Jahre gebaut haben? Später verstehen seine Jünger, dass er von «seinem Leib als dem Tempel» gesprochen hat (Joh 2,21; vgl. 1Kor 6,19, wo Paulus diese Metapher auf alle Christinnen und Christen überträgt). Nach der Auferstehung Jesu geht ihnen der Sinn seiner Rede auf. Sein Leib ist das wahre Heiligtum, wie das Gespräch mit Nikodemus bekräftigen wird.

6. Vor dem Laubhüttenfest (Joh 7)

Das Kapitel gliedert sich in drei Teile: a) die Ereignisse in Galiläa und Jesu heimlicher Weg zum Fest (Joh 7,1–13); b) Jesu Lehre in der Mitte des Festes (Joh 7,14–36); c) die Vorgänge am letzten Festtag (Joh 7,37–52).

Zunächst hält Jesus sich weiter in Galiläa auf, weil «die Juden» in Judäa ihn töten wollen. Damit wird an deren bereits nach der Heilung des Gelähmten erwachte Tötungsabsicht (Joh 5,18) erinnert. Anscheinend besass er für seinen weiteren Weg «noch keine klare Weisung von Gott» (Schneider, 161) und hatte deshalb, wie einige Textzeugen zu Johannes 7,1 überliefern, noch nicht die Vollmacht (vgl. Joh 10,18), in Judäa umherzuziehen. Den Ausschlag dafür, doch nach Jerusalem zu ziehen, gibt ein Disput mit den Brüdern angesichts des nahen Laubhüttenfestes. Dieses zu jener Zeit besonders populäre jüdische Fest dauert sieben Tage (Dtn 16,13–15) und wird am Ende des Jahres, vom 15. bis 21. Tischri (Ende September bis Anfang Oktober), als Ernte- und Lesefest für die Wein-, Obst- und Olivenernte gefeiert (vgl. Ex 23,16.23–44). Allen jüdischen Männern ist die Teilnahme geboten (JANT, 172; vgl. Dtn 16,16). Nach dem babylonischen Exil wurde das Fest um einen achten Tag erweitert, der mit der «heiligen Festversammlung» begangen wird (Lev 23,34–36). Der Name deutet an, dass die Teilnehmer des Festes sieben Tage in «Laubhütten» (hebr. *sukkot*) wohnen. Zur Eigenart des Festes gehören bestimmte Wasserriten und die festliche Beleuchtung des Tempelvorhofs der Frauen. Ein Priester schöpfte an allen sieben Festtagen

> «mit einem goldenen Krug Wasser aus der Quelle des Gichon, der den Teich Siloa speist, brachte das Gefäss sodann in feierlicher Prozession unter den Lobgesängen seiner Begleitung in den Tempel und goss das Wasser über dem Brandopferaltar in die dafür vorgesehene Schale aus» (Thyen 2005, 399).

Beim Wasserschöpfen wurde das auf die ersehnte Heilszeit hinweisende Prophetenwort «Mit Frohlocken werdet ihr Wasser schöpfen» (Jes 12,3) rezitiert, das an das messianische elfte Kapitel des Jesaja-Buchs anschliesst.

Die Brüder fordern Jesus auf, sich den Festpilgern nach Jerusalem anzuschliessen. Dort könne er seine Werke, das heisst seine Wundertaten, zeigen. Wer wie er öffentliche Geltung beanspruche, müsse aus dem provinziellen Galiläa heraus: «Zeige dich der Welt!» (vgl. Joh 7,3). Der Erzähler macht deutlich, dass daraus nur das Desinteresse und der Unglaube der Brüder spricht. «Auch seine Brüder glaubten nämlich nicht an ihn» (Joh 7,5). Sie sehen nicht, wer Jesus wirklich ist. Möglicherweise ist ihnen durch Projektionen, Rivalitäten und Hoffnungen der Blick dafür verstellt (vgl. Sanford 1994, 172). Wie von seiner Mutter (Joh 2,4) distanziert Jesus sich nun von seinen Brüdern: «Meine Zeit (*kairós*) ist noch nicht da» (Joh 7,6). Der entscheidende, von Gott bestimmte Zeitpunkt, an dem seine Zeit sich erfüllt, wird die

Todesstunde sein. Weshalb die Welt die Brüder nicht hassen kann, erschliesst sich erst aus der Abschiedsrede Jesu an die Jünger (Joh 15,18f.): Sie leben fern vom Hass der Welt, weil sie selber «aus der Welt» sind. Doppeldeutig erklärt er den Brüdern: «Ich gehe nicht zu diesem Fest hinauf», worin mitschwingt: «Ich steige nicht an diesem Fest nach oben» (vgl. Joh 3,13; 6,62). Einige Tage danach geht Jesus aber unbemerkt doch nach Jerusalem hinauf. Die jüdische Elite, die das Volk verachtet und von ihm gefürchtet wird, sucht ihn. Unter der Volksmenge sind die Meinungen über Jesus geteilt: Die einen sprechen gut von ihm, die anderen sehen einen Verführer, das heisst einen falschen Messias in ihm.

Auf der Höhe des Festes tritt Jesus im Tempel auf, «nicht, wie seine Brüder es von ihm gefordert hatten, als Wundertäter, sondern als Lehrer» (Schneider, 165). Er versetzt «die Juden» in Erstaunen, weil er die Schriften kennt, ohne darin unterwiesen worden zu sein. Vom Messias wurde erwartet, dass er die Thora studiert hatte. Jesus errät, ohne direkt von ihnen gefragt zu sein, ihre geheimsten Gedanken und antwortet, seine Lehre sei nicht von ihm erfunden, sondern die Lehre dessen, der ihn gesandt habe.

Das wird im Evangelium vielfach wiederholt (vgl. Joh 8,26ff.; 38ff.; 12,49f.; 14,10.24). Jesus versteht sich selbst als von Gott gesandt und kann sich mit diesem Selbstverständnis auf die Thora des Mose berufen: «Daran sollt ihr erkennen, dass der Herr mich gesandt hat, alle diese Taten zu vollbringen, und dass es nicht aus meinem eigenen Herzen kommt» (Num 16,28). Um die von Gott gegebene Lehre zu erkennen, braucht es keine theoretische, sondern praktische Erkenntnis: Nur wer sich ganz darauf einlässt, den Willen Gottes zu tun, kann unterscheiden, ob die Lehre Jesu «aus Gott» ist oder nicht.

Jesus setzt voraus, dass Gott Mose und damit dem Volk Israel die Thora gegeben hat, damit es sie *tue*; darin besteht das Zeichen der Erwählung Israels aus allen Völkern. «Dabei behaftet Jesus die Juden, wenn er hier betont ‹euch› sagt und von ‹eurem Gesetz› spricht» (Thyen 2005, 393). Das Werk, auf das er anspielt, ist die Heilung des Gelähmten am Teich Betesda (Joh 5,1–18). Er rechtfertigt sie, indem er, wie es im Lehrgespräch über die Auslegung der Thora auf das Leben nicht unüblich ist (vgl. bJoma 85b), mit einem Schluss vom Kleineren auf das Grössere argumentiert: Wenn schon ein Mensch am Sabbat beschnitten werden darf, um wie viel mehr ist es dann berechtigt, am Sabbat den ganzen Menschen gesund zu machen.

Leute aus Jerusalem wundern sich, dass ihre Oberen nicht gegen Jesus einschreiten, obwohl er frei und offen redet. Sie bezweifeln, dass er der Christus ist, da sie seine Herkunft kennen. Jesus antwortet darauf lehrend und voller Ironie: Ja, die Leute wissen Bescheid, woher er ist (vgl. Joh 6,42), doch eigentlich wissen sie nichts über ihn, denn sie kennen den nicht, der ihn gesandt hat. Jesus betont: «Ich kenne ihn, weil ich von ihm her komme und er mich gesandt hat» (Joh 7,29), eine emphatische Aussage, die inhaltlich an den Prolog erinnert: der Sohn bringt aus seiner intimen Kenntnis Kunde vom Vater (Joh 1,18).

Einige der Jerusalemer versuchen Jesus festzunehmen, doch viele von ihnen kommen zum Glauben an ihn. Aufgrund der Zeichen, von denen sie gehört oder die sie gesehen haben, sind sie überzeugt, dass er der Messias ist. Auch den vom Synhedrium geschickten Gerichtsdienern, einer Art Tempelpolizei, gelingt es nicht, Jesus zu ergreifen. Der Verhaftungsbefehl der Behörde ist «zu diesem Zeitpunkt ohne wirkliche Bedeutung […] Jesus weiss: es kann ihm nichts geschehen, ehe nicht seine Stunde gekommen ist» (Schneider, 168). Zum ersten Mal spricht er öffentlich von seiner bevorstehenden Heimkehr zum Vater: «Noch eine kurze Zeit bin ich bei euch; dann gehe ich fort zu dem, der mich gesandt hat» (Joh 7,33). Damit gibt er zwei Dinge zu verstehen. Zuerst: Der Aufstieg zu dem, der ihn gesandt hat, wird *seine* Tat sein; die seinen Tod beschliessen und ihn töten, können seine Existenz nicht vernichten. Das Zweite: Die Zeit, die seinen Hörern zur Umkehr bleibt, ist kurz; bald wird er nicht mehr unter ihnen sein. Es wird eine Zeit kommen, wo sie ihn suchen, aber nicht finden werden. Das wird nicht nur «den Juden» gesagt, denn Jesus spricht später auch zum Volk (Joh 12,35) und beim Abschied zu den Jüngern (Joh 13,33) von der «kurzen Zeit» (*chrónon mikrón*) seines irdischen Daseins bei den Menschen.

Mit dem letzten Tag des Festes ist wahrscheinlich der siebte Tag gemeint, an dem die rituelle Wasserspende besonders feierlich nach einer Prozession vollzogen wird. Jesus ruft aus: «Wenn jemand Durst hat, komme er zu mir und trinke! Wer an mich glaubt, aus dessen Leib werden, wie die Schrift sagt, Ströme lebendigen Wassers fliessen» (Joh 7,37f.). Ähnlich lädt die Weisheit (vgl. Spr 9,4f; Sir 24,19; 51,23f.) dazu ein, den Durst der Seele bei ihr zu stillen (vgl. Schneider, 170). Das mit «Leib» übersetzte Wort *koilía* (wörtlich: Bauch) meint hier das verborgene Innere der Person. Im griechischen Urtext lässt die Stelle zwei Lesarten zu. Jesu Ausspruch kann christologisch interpretiert, das heisst auf den Leib des Erlösers oder auf den Glaubenden als Quellort bezogen werden. Er bringt kein wörtliches Schriftzitat, sondern bezieht sich auf endzeitliche Verheissungen, die das Entspringen einer unerschöpflichen Quelle aus dem Tempel oder aus Jerusalem ankündigen (Jes 12,3; Ez 47,1–2; Joel 4,18; Sach 13,1;

14,8) – eine Vision, die die Johannesoffenbarung in die himmlische Gottesstadt überträgt (Offb 21,6; 22,1).

Nach Johannes beansprucht Jesus, die Quelle zu sein, die aus dem Innersten der Glaubenden lebendiges Wasser strömen lässt. Die eigentliche Quelle seiner Lehre liegt jedoch nicht in ihm selbst, seine Lehre kommt vielmehr direkt von Gott (vgl. Sanford 1998, 17) und setzt in allen, die an ihn glauben, fliessendes spirituelles Leben frei. Zurückblickend auf Jesu Verherrlichung erläutert der Erzähler: «Damit meinte er den Geist, den jene empfangen sollten, die an ihn glaubten» (Joh 7,39). Den Leserinnen und Lesern macht dies bewusst, dass *alle* Worte Jesu, die das Evangelium überliefert, von dem Erhöhten durch den Geist gesprochen werden. Von ihm inspiriert, werden die Glaubenden seinen Tod als die Stunde wahrnehmen, in der Blut und Wasser aus der durchbohrten Seite heraustreten (Joh 19,34). Aus seinem Innersten, dem wahren Tempel (vgl. Joh 2,21), werden Ströme lebendigen Wassers fliessen, dessen Wirken Ezechiel so beschreibt:

> «Wenn dieses Wasser dorthin kommt, dann wird es geheilt werden, und wohin der Fluss kommt, da wird Leben sein. […] Und am Fluss, an seinen Ufern auf der einen und auf der anderen Seite, werden Bäume aller Art mit essbaren Früchten wachsen; ihre Blätter werden nicht welken, und ihre Früchte werden nicht aufgebraucht. In ihren Monaten werden sie Früchte tragen, denn ihr Wasser kommt aus dem Heiligtum» (Ez 47,9.12).

Jenes Wasser wird also «das Vertrocknete in uns befruchten und das Kranke in uns heilen […] Es wird überall Leben wecken und frische Früchte bringen» (Grün, 512).

Die Volksmenge reagiert auf Jesu Rede zwiespältig. Einige halten ihn für einen Propheten, andere für den Messias. Die Gerichtsdiener sind so betroffen, dass sie Jesus nicht festnehmen: «Noch nie hat ein Mensch so geredet» (Joh 7,46). Allein durch sein Wort wirkt Jesus so stark, dass er selbst die überzeugt, die gegen ihn vorgehen sollen. Sie und das Volk stehen für jene Christinnen und Christen, «die aus den unteren Schichten kommen und keine grössere Bildung genossen haben» (Grün, 513). Selbst im Synhedrium sind sich nicht alle einig, wie der Einwand des Nikodemus belegt. Er konfrontiert die Pharisäer damit, dass sie im Widerspruch zur Thora des Mose (Dtn 19,15–21) ein Urteil über Jesus fällen, ohne ihn zuvor angehört und seine Schuld einwandfrei festgestellt zu haben.

7. Begegnungen

7.1 Das Gespräch mit Nikodemus (Joh 3,1–21)

Johannes erzählt, wie ein gebildeter, bibelkundiger Mann zu Jesus kommt, ein anerkannter Lehrer Israels in führender Stellung (Joh 3,1.10). Nikodemus will nicht von den Leuten gesehen werden. Deshalb kommt er heimlich bei Nacht. Er wendet sich an Jesus als Lehrer und spricht ihn wie die Jünger mit Rabbi an. Er tritt als Sprecher vieler auf («wir wissen»): Solche «Zeichen» (d. h. Wunder), wie du sie tust, kann jemand nur tun, wenn Gott mit ihm ist. Indirekt stellt er damit wohl die Frage: Wie ist es möglich, so wie du mit Gott verbunden zu sein? Jesus beginnt mit einem feierlichen doppelten «Amen» und antwortet: Wer nicht von oben beziehungsweise von Neuem geboren und wieder wie ein Kind wird, kann das Reich Gottes (die himmlische Welt) nicht sehen. Das ist indirekt eine christologische Aussage: Jesus selbst ist «von oben» geboren, sein Ursprung ist oben bei Gott (Joh 1,1). Deshalb kann er von dem sprechen, was er bei seinem Vater gesehen hat (Joh 8,38; vgl. 3,32; 5,19; 6,46). Er bestätigt damit, dass er der «von Gott gekommene Lehrer» (Joh 3,2) ist.

Nikodemus missversteht ihn: «Wie kann ein Mensch geboren werden, wenn er alt ist?» (Joh 3,4). Manchmal ist gerade das Einfachste am schwierigsten zu begreifen. Die neue Antwort Jesu führt weiter: Wer nicht aus Wasser und Geist geboren ist, kann nicht in das Reich Gottes kommen. Natürliche und geistliche Geburt werden einander gegenübergestellt, die erste ist notwendige Bedingung der zweiten. Jesus redet verheissungsvoll von der Geburt aus dem Geist: Damit der Geist kommen kann, «muss der Menschensohn erhöht werden» (Joh 3,14). Erst wenn ein Mensch die Stimme (*fonē*) des Geistes hört, geschieht das Unbegreifliche, wird er aus dem Geist geboren. Darin klingt die Geschichte Elias am Horeb an, der Gottes Gegenwart im «Flüstern eines sanften Windhauchs» spürt (1Kön 19,12), in einer «Stimme», wie an dieser Stelle in der Septuaginta zu lesen ist.

Auf die erneute Frage des Nikodemus hin antwortet Jesus zunächst in der Wir-Form und schliesst darin alle ein, «die seine Zeugen waren oder sein werden» (Thyen 2005, 197). Er schliesst wie die Rabbinen «vom Leichten auf das Schwere», auf eine gängige Redeweise im Judentum anspielend: Wenn ich von irdischen Dingen rede und ihr glaubt nicht, wie werdet ihr glauben, wenn ich von himmlischen Dingen rede? Dann erinnert er ihn an ein Zeichen, das er aus der Geschichte Israels kennt: die bronzene Schlange (Joh 3,14–15). Im Vierten Buch Mose wird von der Wanderung der Israeliten durch die Wüste erzählt. Als sie Umwege gehen mussten, wurden sie ungeduldig. Sie klagten

Gott und Mose an. Da wurden sie von giftigen Schlangen geplagt, sodass viele starben. Sie erkannten, dass es falsch war, Gott Vorwürfe zu machen, und riefen zu Mose: «Bete zum Herrn, damit er uns von den Schlangen befreit!» (Num 21,7). Nach Gottes Anweisung stellt Mose eine Schlange aus Bronze her und befestigt sie an einer Stange. Nun muss niemand mehr am Biss giftiger Schlangen sterben. Alle, die gebissen werden und die erhöhte Schlange ansehen, bleiben am Leben (vgl. Num 21,4–9).

Die bronzene Schlange, die Mose auf einer Stange erhöhte, sodass alle sie sehen konnten, war ein Zeichen für Gottes Macht, Leben aus Todesgefahr zu retten. Darin steckt eine alte medizinische Weisheit: tödlich wirkendes Gift wird durch ein stärkeres Gegengift überwunden. Die Griechen des Altertums stellten Asklepios, den Gott der Heilkunde, mit einem von einer Schlange umwundenen Stab dar. Bis heute ist dieser Äskulapstab das Symbol für ärztliche und pharmazeutische Berufe. An den Wurzeln europäischer Kultur steht also die Überzeugung, dass Heilung und Heil zusammengehören und dass es die übergeordnete Macht eines Gottes braucht, um Menschen wirklich gesund und heil, das heisst wieder «ganz» zu machen. Die bronzene Schlange sollte den Israelitinnen und Israeliten zeigen, dass niemand anders als Gott, dessen Name heilig ist, ihr Leben vor tödlicher Gefahr bewahrt.

Jesus fährt fort: «Und wie Mose in der Wüste die Schlange erhöht hat, so muss der Menschensohn erhöht werden, damit jeder, der glaubt, in ihm ewiges Leben hat» (Joh 3,14f.). «Menschensohn» ist ein biblischer Ausdruck für denjenigen Menschen, mit dem Gott eine neue Zeit und seine neue Welt beginnt. Jesus sieht sich selbst dazu bestimmt, dieser Mensch zu sein. Und er sieht, dass er ans Kreuz geschlagen werden muss. «Erhöht werden», sagt Johannes, weil er in der Kreuzigung Jesu den Weg erkannt hat, auf dem sich zeigt, was Gott selbst mit der ganzen Welt im Sinn hat. Darum fügt er den Worten Jesu diese Erklärung hinzu: «Denn Gott hat die Menschen so sehr geliebt, dass er seinen einzigen Sohn für sie hergab. Jeder, der an ihn glaubt, wird nicht zugrunde gehen, sondern das ewige Leben haben» (Joh 3,16).

Im Alten Testament zählt die Heilung derer, die die Schlange anblickten, zu den Heilstaten Gottes (Dtn 8,15). Im ausserbiblischen Buch der Weisheit Salomos heisst es, Gott habe seinem Volk damit ein «rettendes Zeichen» gegeben (Weish 16,5–11). Wenn nun Jesus seine Kreuzigung mit der bronzenen Schlange vergleicht, so bedeutet das: Er selbst wird vor aller Welt zum Zeichen dafür, wie Gott sie vor lebensbedrohlicher Gefahr rettet. Der Gekreuzigte zeigt, wie der Schaden der Sünde geheilt wird, der das Leben aller Menschen zu vergiften droht. Er selbst ist das wahre Heilmittel und zugleich der wahre Arzt, der Heil und Heilung bringt. Ein altes Osterlied sagt es so: «Die alte Schlange, Sünd und Tod, die Höll, all Jammer, Angst und Not hat überwunden Jesus Christ, der heut vom Tod erstanden ist. Halleluja» (EG 106,2).

Johannes sagt nicht, Gott habe am Kreuz ein abscheuliches Menschenopfer dargebracht, sondern legt grösstes Gewicht darauf, dass Jesus ein *Selbstopfer* vollzieht. Gott gibt ihn frei zur Selbsthingabe. Jesus lässt sein Leben für andere (Joh 10,11; 15,13ff.), der Vater liebt ihn, weil er sein Leben (*psychē*) einsetzt (Joh 10,17f.).

Alle, die an Jesus als den Sohn Gottes glauben, werden im Aufblicken zu seinem Kreuz das ewige Leben haben. Das ewige

Leben ist «bei Johannes ein Zentralbegriff der Verkündigung Jesu» (Schneider, 99) und meint ein Leben, das sich nicht im Irdischen erschöpft und das die Glaubenden niemals wie er «in sich» (Joh 5,26), sondern stets nur *in ihm* haben werden. Wer so mit Jesus verbunden ist, *hat* ewiges Leben, wer ihm nicht glaubt, «wird das Leben nicht sehen» (Joh 3,36). Heilsam wird der Anblick des gekreuzigten Jesus also erst für die, denen die Augen dafür aufgehen, *wer* da am Kreuz hängt! Sie sehen, dass da Gott selbst, der Vater von Ewigkeit her, aus Liebe zur Welt handelt und seinen einzigartigen Sohn für die Menschen hergibt. Dann leuchtet ihnen Gottes Wahrheit auf. Wer glaubt, sieht die Welt zusammen mit Gott, zusammen mit dem, der das tödliche Gift durch ein stärkeres Gegengift überwindet.

Der Evangelist Johannes betont: Gottes Heilswille ist universal, niemand soll verloren gehen (Joh 3,16–21). Er zielt darauf, durch Jesus die Welt zu retten, nicht sie zu verurteilen, will also alle gewinnen. Die Spannung zwischen Gottes universaler Liebe und der Aussage, dass allein die Glaubenden gerettet werden, kennzeichnet die Lage, in der die Leserinnen und Zuhörer sich befinden (vgl. Thyen 2005, 213–225).

Die Glaubenden *sind* gerettet, deshalb werden sie nicht verurteilt. Die Nichtglaubenden dagegen handeln sich selbst ihr Urteil ein; eine Entscheidung ist insofern gefallen, als sie sich selbst von dem Leben, das Gott der Welt in seinem Sohn gibt, ausgeschlossen haben. Dieses Leben, das der Glaube an den Sohn eröffnet, besteht wie bei dem wegen seiner Sünde von tödlichen Schlangenbissen heimgesuchten Volk in Umkehr und Sündenvergebung. Von einem Gericht Gottes über die bösen Werke am Ende der Tage ist nicht die Rede. Vielmehr beschreibt Johannes eine vorläufige Scheidung, die sich jeweils dort vollzieht, wo Menschen dem Offenbarer begegnen: er macht offenbar, dass die Menschen die Finsternis anstelle des Lichts geliebt haben. Sie tun Böses und hassen das Licht. Wer aber die Wahrheit tut, das heisst den Glauben bewahrt, kommt zum Licht, damit seine Werke offenbar werden als solche, die in Gott getan sind.

7.2 Das Gespräch mit der Samariterin (Joh 4,4–42)

Eine knappe Überleitung (Joh 4,1–3) erklärt, weshalb Jesus Judäa verlässt und erneut nach Galiläa geht. Zudem sagt sie, dass nun «allein Jesu Jünger in der Nachfolge des Johannes dessen ‹Wassertaufe› üben» (Thyen 2005, 240).

Die folgende kunstvolle Erzählung hat keine Parallele bei den Synoptikern, sondern stammt von Johannes. Sie steht im Kontrast zum nächtlichen Glaubensgespräch mit Nikodemus. Hier sucht Jesus zur Mittagszeit das Gespräch mit einer Samaritanerin. Der übliche Reiseweg von Judäa nach Galiläa führte damals durch Samarien (vgl. Josephus, ant. XX, 118). Wenn es heisst: «Er musste aber durch Samarien hindurchziehen» (Joh 4,4), so weist Johannes damit auf eine höhere, heilsgeschichtliche Notwendigkeit hin, nicht bloss darauf hin, dass Reisende, die es eilig hatten, diesen Weg nehmen mussten (wie Bultmann und Schnackenburg mit Bezug auf Josephus, Vita 52, §269, meinen).

Vielsagend ist die detaillierte Ortsangabe der Szene. Der unbekannte Flecken Sychar, der mit dem heutigen Askar identisch ist, wird lokalisierbar durch den Zusatz, dass Jakob hier Land an Josef weitergegeben habe. Erzvater Jakob kaufte nahe Sichem ein Grundstück und errichtete dort einen Altar. Er selbst und sein Sohn Josef wurden auf diesem Acker begraben (Gen 33,18f.; 48,22; Jos 24,32). Dort befindet sich der Brunnen Jakobs, eine gefasste Quelle, von deren Existenz es zwar ansonsten keine literarischen Zeugnisse gibt, die aber nach dem archäologischen Befund wirklich dort existiert hat. Der Brunnen ist ein Heiligtum der Samaritaner. Die jüdische Tradition weiss von verschiedenen Beispielen, wo ein Brunnen durch sein Wasser neues Leben spendete: Hagar und Ismael (Gen 21,19), Isaaks Knecht und Rebekka (Gen 24), Jakob und Rahel (Gen 29). Aramäische Quellen erzählen, dass Vater Jakob einen Brunnen in Haran überfliessen liess, sodass das Wasser «zwanzig Jahre im Überfluss» (Thyen 2005, 244) strömte. Der Brunnen ist ein Ort, wo Frauen sich versammeln; die Begegnung zwischen einem Mann und einer Frau hat hier Untertöne von Brautwerbung (JANT, 165).

Jesus lässt sich nach einer beschwerlichen Wanderung zur Mittagszeit am Brunnen nieder. Das erinnert an Moses Flucht aus Ägypten und seine Rast am Brunnen nahe einer midianitischen Stadt (Ex 2,15–22; Josephus, ant. II, 256f.). Die sechste Stunde weist voraus auf die Stunde, in der Jesus von Pilatus zum Tod verurteilt und am Kreuz Durst haben wird (Joh 19,14.28). Der Erzähler schildert nun das Gespräch Jesu mit der Frau (Joh 4,7–26) und die Folgen des Gesprächs (Joh 4,27–38). Die Frau kommt zum Wasserschöpfen. Das ist für sie Alltag. Aber diesmal wird sich in der Begegnung mit einem Fremden ihr Leben wandeln. Jesus eröffnet das Gespräch mit der Bitte: «Gib mir zu trinken!» (Joh 4,7). Die Frau reagiert verwundert, weil Juden gewöhnlich jeden Umgang mit den Samaritanern vermeiden. Dass Jesus anscheinend aus dem Trinkgefäss der Frau trinken will, da er selbst kein Gefäss bei sich hat, widerspricht ebenfalls den sonst befolgten Sitten. Einige rabbinische Texte warnen davor, viel mit einer Frau zu sprechen (mAboth 1,5; Sir 9,1–9). Es fiel auf, wenn ein jüdischer Lehrer sich mit einer Frau unterhielt, wie Jesus es öfter tat. Er durchbricht unsichtbare Schranken, indem er mit der Samaritanerin ein Gespräch anfängt, das zunächst um das Wasser, den Brunnen und die Quelle kreist. Die Frau, geprägt von religiösen und sozialen Vorurteilen, erfüllt die Bitte des Fremden nicht. Sie behandelt ihn nicht wie einen Einheimischen, wozu Gottes Gebot sie eigentlich verpflichtet (Lev 19,34), sondern sieht nur, dass er sich über die Konvention hinwegsetzt.

Jesus geht nicht auf ihre Äusserung ein. Er gibt dem Gespräch eine überraschende Wendung, indem er auf geheimnisvolle Weise die Beziehung Gottes zu den Menschen und das wahre Wesen seiner Person ins Spiel bringt: Würde sie die Gabe Gottes kennen und wissen, wer zu ihr spricht, würde sie *ihn* bitten, und er gäbe ihr «lebendiges Wasser». Der Ausdruck ist doppeldeutig, da er sowohl sprudelndes Quellwasser (Gen 26,19; Lev 14,5) wie auch, auf der Symbolebene, lebendig machendes Wasser bezeichnet. Johannes zeigt hier, ähnlich wie im Gespräch mit Nikodemus, wie Jesus von der sinnlich wahrnehmbaren Realität auf eine höhere Ebene wechselt. Es geht «nicht nur um äussere Dinge […], sondern um das Geheimnis des Lebens schlechthin» (Grün, 493).

Die Samaritanerin missversteht Jesus. In der Annahme, es handle sich um irdisches Wasser, fragt sie ihn, wie er ohne Schöpfgefäss Wasser schöpfen wolle und ob er dem Stammvater Jakob überlegen sei. Die Antwort Jesu weist erneut auf die andere Wirklichkeit, für die das Bild des lebendigen Wassers steht. Er spricht von einem Wasser, das wirkliches Leben schenkt. Es stillt ein für allemal den Durst und wird in dem Menschen, der es von Jesus empfängt, zu einer unerschöpflichen Quelle ewigen Lebens. Die Metapher «lebendiges Wasser» nimmt, wie nun deutlich wird, die biblische Verheissung auf, dass Gott in den letzten Tagen seinen lebendig machenden Geist über alles Fleisch *ausgiessen* will (Jes 44,3; vgl. Sach 12,9; 14,8; Ez 47; Joel 4,18). Jesus selbst offenbart sich als die wunderbare Quelle (vgl. Joh 7,37f.), deren Wasser das Tote lebendig machen wird. Er verspricht, den tiefsten Lebensdurst zu stillen, den Durst nach einem Leben, das strömt. Wen er «durch seinen Geist zu Gott führt, der wird selbst zur Quelle, zum Heilbringer für andere» (Thyen 2005, 251). Die Samaritanerin wird später tatsächlich zum Glauben kommen und andere zum Glauben führen. Vorerst aber bittet sie: «Herr, gib mir dieses Wasser» (Joh 4,15), ohne zu wissen, was sie da erbittet, noch, von wem sie es erbittet. Die frühen Kirchenväter identifizierten dieses Wasser mit Christus, den sie den «Brunnen des Lebens» nannten. Wasser sei nicht nur die natürliche Quelle allen Lebens, sondern auch ein spirituelles Element, ohne das die Seele nicht leben könne (vgl. Sanford 1994, 110).

Im nächsten Gesprächsgang zeigt sich: Die Samaritanerin ist eine «Frau mit Vergangenheit» (Söding, 59). Jesus fordert sie auf, ihren Mann herbeizurufen. Als sie selbstbewusst erwidert, sie habe keinen Mann, sagt sie nichts Falsches. Doch es ist nicht die ganze Wahrheit, die erst Jesus offenlegt. Er weiss von «ihrer verkorksten Lebenslage» (Söding, 63): Sie hatte rechtmässig fünf Ehemänner, lebt aber jetzt mit einem Mann zusammen, der nicht ihr Ehemann ist. Nach jüdischer und wohl auch samaritanischer Rechtsauffassung war allenfalls zweimalige Wiederheirat statthaft. Die Frau erkennt, dass Jesus mit seinen Worten die Wahrheit über ihr Leben ausgesprochen hat. Ohne zu werten sagt er, wie es mit ihr steht. Dadurch wird er für sie vertrauenswürdig. In ihren Augen ist Jesus ein Prophet.

Ein moderner Interpret hat die Szene tiefenpsychologisch gedeutet. Für ihn deckt Jesus etwas auf, was in den Männergeschichten der Frau verborgen liegt. Dann ist es wichtig, dass der Leser, die Leserin erkennt, was die Frau eigentlich sucht. Die sechs Männer, die die Frau in ihrem Leben gehabt hat, weisen auf etwas Unvollkommenes in der Mann-Frau-Beziehung hin. Die Sehnsucht der Frau nach Liebe habe sich nicht erfüllt, ihr Lebensdurst sei ungestillt geblieben. In Jesus könne man den siebten Mann sehen, der ihr begegnet, aus dessen Herz unbedingte Liebe strömt, die «nicht vermischt ist mit egoistischen Motiven» (Grün, 496). Diese Deutung geht allerdings davon aus, dass eine Frau ihren Weg frei wählen kann, was zur Zeit Jesu kaum der Fall war.

Die Frau kann als «Repräsentantin des samaritischen Volkes» (Schneider, 113) verstanden werden. Dafür spricht, dass die Szene an einem Heiligtum dieses Volkes spielt und «durchgehend von der Spannung zwischen Juden und Samaritanern sowie zwischen dem Tempelkult in Jerusalem und auf dem Garizim bestimmt ist» (Thyen 2005, 254). Es wird erzählt, dass der assyrische König nach der Zerstörung des Nordreichs Israel fünf Völkerschaften aus dem Osten seines Reiches in Städten Samarias ansiedelte, die jeweils ihren eigenen Gott verehrten (2Kön 17,24ff.). Der eifersüchtige Gott Israels bewegte sie dazu, ihn als den Landesgott zu verehren. Die Bewohner richten sich in einer Mischreligion ein: «Sie fürchteten den Herrn, zugleich aber dienten sie ihren Göttern, nach der Weise der Nationen, aus denen man sie weggeführt hatte» (2Kön 17,33).

Seit dem jüdischen Historiker Josephus (ant. IX, 288) wird mit fünf heidnischen Gottheiten gerechnet, die man dort verehrte. Jesus würde demnach «auf die religiöse Geschichte Samariens anspielen» (Schneider, 113). Die fünf einstigen Männer der Samaritanerin symbolisieren dann die heidnischen Götter, der sechste, der nicht ihr Ehemann ist, steht als «Symbol des in jüdischen Augen mehr oder weniger synkretistischen JHWH-Kultes der Samaritaner» (Thyen 2005, 255). Diese Lesart macht im biblischen Kontext auch deswegen Sinn, weil in der Prophetie Gott als «Ehemann» und Israel als seine «Ehefrau» bezeichnet wird (vgl. Hos 2,4).

Es ist durchaus folgerichtig, wenn die Frau, nachdem sie Jesus als jüdischen Propheten, das heisst als Mann mit von Gott gegebener Einsicht, erkannt hat, eine strittige Frage zwischen Juden und Samaritanern aufgreift, die sich nur mit religiöser Kompetenz beantworten lässt. Indirekt fragt sie nach dem rechten Ort der Anbetung. Sie stellt der alten Praxis «unserer Väter», auf dem Berg Garizim zu beten, das viel spätere Dogma der Juden gegenüber, dass man in Jerusalem beten muss. Welcher der beiden Kultorte ist göttlich autorisiert, das will die Frau wissen. Hat nicht die ältere Tradition, die sich auf die Erzväter Jakob und Josef berufen kann, Vorrang vor dem erst seit König David geltenden Grundsatz?

Jesu Antwort bezieht sich nicht auf die Vergangenheit, sondern weist in die Zukunft. Statt auf die Frage nach dem Ort der rechten Anbetung einzugehen, spricht er «von der rechten *Art* und der nahen *Zeit* der wahren Anbetung und relativiert damit die Juden und Samaritaner trennende Frage nach deren rechtem *Ort*» (Thyen 2005, 257). Während die Frau von «unserem Vater Jakob» und «unseren Vätern» geredet hat, redet Jesus betont von Gott als «dem Vater». Er kündigt an, dass etwas Neues geschehen wird: «Aber die Stunde kommt, und sie ist jetzt da, in der die wahren Beter in Geist und Wahrheit zum Vater beten werden, denn auch der Vater sucht solche, die auf diese Weise zu ihm beten. Gott ist Geist, und die zu ihm beten, müssen in Geist und

Wahrheit beten» (Joh 4,23f.). Wenn die Zeit der neuen Geburt aus dem Geist angebrochen ist, wird Gott, der Vater aller, «die an den Sohn glauben» (Joh 3,36), von allen angebetet werden, gleichgültig ob sie Juden, Samaritaner oder Heiden sind. Die Frage nach dem Vorrang eines Kultorts wird überholt sein.

«Ihr betet zu dem, was ihr nicht kennt; wir beten zu dem, was wir kennen – denn das Heil kommt von den Juden» (Joh 4,22). Diese Aussage Jesu, die in seine Antwort eingeflochten ist und sich auf die gegenwärtige Gottesdienstpraxis von Juden und Samaritanern zu beziehen scheint, wird kontrovers gedeutet. Manche meinen, mit «wir» äusserten sich im Gegensatz zu beiden Gemeinschaften *Christen,* die damit beanspruchten, die wahren Gottesgläubigen zu sein. Es ist aber unwahrscheinlich, dass der Erzähler Jesus derart unvermittelt zum Sprecher «der Christen» macht. Vielmehr wird der heilsgeschichtliche Vorrang Israels als Gottes Volk mit einer besonderen Mission (vgl. Dtn 4,37; 7,6f.; 10,15 u. a.) auf eine im vierten Evangelium einzigartige Weise bekräftigt. Der Sache nach ähnlich äussert sich im Neuen Testament Paulus (Röm 3,1f.; 9,4f.). Obwohl Jesus hier nicht ausdrücklich von «seiner Stunde» spricht, ist doch die Stunde seiner Verherrlichung gemeint, in der er sein Werk vollenden wird. Dann wird der «Geist der Wahrheit» (Joh 14,17; 15,26) den Jüngern die ganze Wahrheit seines Werkes erschliessen. Diejenigen, die Gott «im Geist und in der Wahrheit anbeten» (Joh 4,24), entsprechen in Zeit und Geschichte dem Willen Gottes, des Vaters, der solche Anbetung aktiv sucht. Als Geist kann Gott überall angebetet werden. Die exklusive Bindung an Orte oder Heiligtümer ist damit zwar aufgehoben, aber es versteht sich, dass gemeinsame Anbetung weiterhin bestimmte irdische Orte, Zeiten und Formen braucht.

In der Lebenswelt der Antike ist offensichtlich, was Menschen der Spätmoderne nicht ohne Weiteres einleuchtet: dass Anbeten in leibhaftiger Beziehung zur Gottheit geschieht. Das griechische Wort für «anbeten» (*proskynein*) hat die Grundbedeutung «küssen». Beim Küssen der Erde (die als Göttin *Gaia* verehrt wurde) und des Götterbildes musste man sich zu Boden werfen. Darin äussert sich, was Götterverehrung bedeutet. In der Septuaginta und im Neuen Testament wird die körperliche Bewegung als Ausdruck einer inneren Haltung der Person verstanden: wer sich bückt und verneigt, zeigt seine Bereitschaft, sich in Ehrfurcht dem Willen des einen unsichtbaren Gottes zu beugen. Wer sich vor ihm beugt, gibt das Kreisen um sich selbst auf. Er oder sie findet eine «wirkliche Heimat […] dort, wo das Geheimnis wohnt» (Grün, 496) – so hat es der Benediktiner Anselm Grün formuliert.

Erstmalig spricht die Frau als Individuum, das in der Begegnung mit dem fremden Anderen den Mut gewinnt, «ich» zu sagen. Mit ihrer Äusserung: «Ich weiss, dass der Messias kommt, den man den Gesalbten nennt» (Joh 4,25) hört sie auf, die Samaritaner zu repräsentieren, denn diese kennen keinen Messias. Sie nimmt Jesu Wort auf, dass das Heil von den *Juden* kommt, und redet, dem Bekenntnis der Marta vergleichbar (Joh 11,27), von dem Messias, der Israel und den Völkern das Heil bringen wird. In diesem Augenblick offenbart Jesus sich ihr mit einem Ich-bin-Wort, das hier zum ersten Mal erklingt (vgl. Joh 6,20; 8,24.28.58; 13,19). Es ist Gottes Name – «Ich bin, der ich bin» (Ex 3,14) –, mit dem er sich der Frau zu erkennen gibt. Dieser Name deutet im biblischen Kontext an, wo Gott «wohnt», das heisst, wo er jeweils neu begegnet: Jesus als der Fleisch gewordene Logos ist selbst der neue Tempel und Ort der Gegenwart Gottes unter den Menschen.

Die zurückgekehrten Jünger wundern sich, dass Jesus mit einer Frau redet. Doch sie fragen ihn nicht. Die überraschte Frau geht nach Sychar zurück. Dort erzählt sie, was sie erfahren hat. Vor allem das, was Jesus ihr persönlich über ihre Lebensgeschichte sagte, hat sie beeindruckt. «Kommt, da ist einer [wörtlich: seht einen Menschen], der mir alles gesagt hat, was ich getan habe. Sollte dieser etwa der Christus sein?» (Joh 4,29). Mit diesem Aufruf bringt sie die ganze Stadt in Bewegung und zeigt sich zugleich bewegt von «einer Frage, die sich einem Christusbekenntnis nähert» (Schneider, 116).

Ein Lehrgespräch Jesu mit den Jüngern ist als Zwischenstück (Joh 4,31–38) eingefügt. Wie in der Begegnung mit der Samaritanerin geht es aus von der Ebene der Realien – dort das Wasser, hier feste Nahrung –, um sogleich auf einer spirituellen Ebene von einer anderen Speise zu sprechen, die wahrhaft sättigt. Jesus spricht von seinem ganzen Lebenswerk, wenn er sagt: «Meine Speise ist es, den Willen dessen zu tun, der mich gesandt hat, und sein Werk zu vollenden» (Joh 4,34). In Palästina sind vier Monate die übliche Zeit zwischen der Saat (Mitte Dezember) und der Ernte (Mitte April). Ausgehend von dieser Erfahrung macht Jesus seine Jünger darauf aufmerksam, dass eine neue Zeit und eine ganz andere Art von Ernte bevorstehen. «Ernte» ist ein gängiges Sinnbild für Gottes endzeitliches Kommen zum Heil wie zum Gericht (Jes 27,12; Hos 6,11; Joel 4,13; Jes 18,5). Es ist also Zeit, die Verlorenen Israels zu sammeln. Wenn die Jünger auf die Felder schauen, die reif zur Ernte sind, werden sie auch die sich nähernden Samaritaner sehen. Der Erntende ist Jesus selbst, die Säende, die sich mit ihm an der reichen Ernte freut, ist die Samaritanerin. Sie ist seine Mitarbeiterin, die mit ihm den Willen des Vaters tut.

Die Erzählung schliesst, indem sie die «Ernte» schildert. Das Zeugnis der Frau hat bei den Samaritanern Glauben gefunden. Nun sind sie zu Jesus gekommen, um sich selbst von der Wahrheit ihrer Worte zu überzeugen. Von ihnen eingeladen, geht Jesus mit den Leuten nach Sychar und bleibt zwei Tage bei ihnen. Genauso verhielten sich die Patriarchen Israels in den biblischen Brunnenerzählungen. Durch das Zusammensein mit Jesus kommen «noch viel mehr Leute» (Joh 4,41) zum Glauben, nicht mehr wegen der Aussagen der Frau, sondern «weil sie jetzt selbst gehört und erkannt haben, dass dieser fremde jüdische Gast tatsächlich der *sotēr tou kósmou* (Retter der Welt) ist» (Thyen 2005, 283). Die Samaritanerin wird damit, obwohl ihre eigenen Leute sie herabsetzen, als «wahrhaftige Zeugin» bestätigt. Im Evangelium steht sie in einer Reihe mit dem Täufer Johannes, der Jesus seine ersten Jünger zuführte (Joh 1,35–42).

Der Evangelist Johannes zeigt an dieser Frau beispielhaft, wie es in der Begegnung mit Jesus zu einer immer tieferen und umfassenderen Erkenntnis seiner Person kommt. Er versucht, «samaritanischen Christen den Weg in die johanneische Gemeinschaft zu öffnen» (Berger 1997, 70). Das Bekenntnis zu Jesus, das die Leute in Sychar zuletzt aussprechen, wird in Stufen entwickelt. Am Anfang steht die Frau, für die Jesus erst der fremde Jude, dann Herr und Prophet ist, bis sie ihn fragt, ob er der Christus sei. So werden die Leser und Hörerinnen didaktisch dorthin geführt, wo sie bekennen: «Dieser ist wirklich der Retter der Welt» (Joh 4,42).

In der Szene am Brunnen begegnet bereits das absolute «Ich bin», mit dem Jesus sich als Gottessohn und Messias offenbart. Das vierte Evangelium überliefert insgesamt acht Ich-bin-Worte Jesu, die diese Offenbarungsformel mit verschiedenen Selbstprädikationen verknüpfen. Wurden die Ich-bin-Worte früher aus dem gnostischen Milieu abgeleitet, so stellt die neuere Exegese ihren Bezug auf konkrete, im johanneischen Text dargestellte Situationen und auf die alttestamentliche Offenbarungsformel *anî JHWH* («ich bin der Herr», Jes 45,18) bei Deuterojesaja heraus.

7.3 Jesus und die Ehebrecherin (Joh 7,53–8,11)

Moderne Exegetinnen und Exegeten betrachten diese Erzählung als nichtjohanneisch, nur einige haben sie kommentiert (z. B. Schnackenburg II, 232–236; Schneider, 338–340; Wilckens, 137–140). Sie fehlt in den ältesten griechischen Handschriften. Nach Eusebius (hist. eccl. III 39,17) soll sie schon Papias von Hierapolis (um 100 n. Chr.) bekannt gewesen sein. Doch die übrigen griechischen Kirchenväter bis ins 11. Jahrhundert kennen sie nicht, während die lateinischen sie seit Ambrosius von Mailand (4. Jh.) gekannt zu haben scheinen. Die Geschichte, die auch in Handschriften anderer Evangelien auftaucht (etwa nach Lk 21,38), wurde in späterer Zeit an den Anfang des achten Kapitels des Johannesevangeliums gestellt, wohl deshalb, weil Jesus hier erklärt, dass er niemand richtet (Joh 8,15).

Die Szene ist oft gemalt worden: Jesus als Lehrer im Tempel, die Schriftgelehrten und Pharisäer und die in flagranti ergriffene Frau, die sie zu ihm geführt haben. Warum der beteiligte Mann fehlt, ist unklar. Die Männer wollen Jesus testen, wie er zur Thora des Mose steht; deshalb soll er sich zu diesem Fall äussern. Auf Ehebruch mit einer verheirateten Frau stand für beide Beteiligte die Todesstrafe (Lev 20,10); hatte ein verlobtes Mädchen Ehebruch begangen, sollte es mit seinem Verführer gesteinigt werden

(Dtn 22,23f; vgl. im Talmud bSanh 7,4). Das römische Recht erlaubt nicht, Ehebruch mit dem Tod zu bestrafen (JANT, 174), doch vom jüdischen Eherecht her gesehen ist der Fall klar. Jesus wird persönlich herausgefordert: «Du nun, was sagst du dazu?» (Joh 8,5).

Statt zu antworten, schreibt Jesus mit dem Finger auf die Erde. Was er schreibt, wissen wir nicht. Pieter Bruegel d. Ä. hat die Szene eindrucksvoll dargestellt. Die Frau steht da in der Mitte, «wie alle anderen blickt sie auf das, was direkt zu ihren Füssen auf die Erde geschrieben wird. [...] *Wer unter euch ohne Sünde ist, der werfe den ersten Stein auf sie.* Das ist der Satz, den Christus auf die Erde schreibt in diesem Bild – ohne hinzusehen, wachsam, schweigend» (Duden, 101). Im Evangelium bleibt sein Schreiben ein Rätsel. Spielt es darauf an, dass diejenigen, die von Gott abfallen, in den Staub geschrieben werden (Jer 17,13)? Oder ist es ein Zeichen für das, was Jesus erst ausspricht, als seine Gegner hartnäckig weiterfragen? Im Talmud heisst es, dass straffrei bleibt, wer am Sabbat auf die Erde schreibt (bSanh 6,4). Was die Gegner Jesu von ihm hören, trifft sie unerwartet. Statt die Frau zu verurteilen, mutet er den Männern zu, sich selbst zu prüfen. Man kann sich vorstellen, wie verlegen sie einander anschauen. «Wer unter euch ohne Sünde ist, werfe als Erster einen Stein auf sie!» (Joh 8,7). Während Jesus wieder auf die Erde schreibt, geht einer nach dem andern davon. Die Frau bleibt allein bei ihm zurück. Keiner hat sie verurteilt. Er bekräftigt, dass auch er sie nicht verurteilt, und fügt hinzu: «Geh, und sündige von jetzt an nicht mehr!» (Joh 8,11). Jesus gibt der Frau eine neue Chance, aber es ist ein «Freispruch auf Bewährung».

8. Selbstoffenbarungen: Die Ich-bin-Worte

8.1 Das Brot des Lebens, das Brot vom Himmel
(Joh 6,35.41.48.51)

Das erste solcher erweiterter Ich-bin-Worte ist in der grossen Brotrede Jesu nach der Speisung der Fünftausend zu finden. Er sagt: «Ich bin das Brot des Lebens. Wer zu mir kommt, wird nicht mehr Hunger haben, und wer an mich glaubt, wird nie mehr Durst haben» (Joh 6,35; vgl. 6,48). Diese vom Menschensohn gegebene Speise verderbe nicht, sondern halte sich ins ewige Leben hinein. Jesus führt aus, dass er nicht mit dem Manna, dem Brot, das auch vom Himmel kam und das die Väter in der Wüste assen (vgl. Ex 16), zu vergleichen sei: Er sei das Brot, das vom Himmel komme, das der Welt ewiges Leben gibt (vgl. Joh 6,33), das Manna hingegen habe die Väter nicht vor dem Sterben bewahrt.

Die Rede handelt von der persönlichen Beziehung zu Jesus, die den Hunger stillt, und folgt wohl einem alttestamentlichen Muster (Jes 55,1–3.10–11). Dem Wort Gottes entspricht in der Rede Jesu der Menschensohn: Er ist das Fleisch gewordene Wort, denn Jesus sagt von dem Brot, das er für das Leben der Welt geben werde, es sei «mein Fleisch» (Joh 6,51). Am Kreuz wird er sich selbst für das Leben der Welt geben. Wer immer sein Wort hört, muss es sich «einverleiben» und sich davon nähren, das heisst von ihm leben, denn in seinem Wort kommt er selbst, der mit dem Vater eins ist, als lebendiges Brot zu den Menschen. «Ich bin das lebendige Brot, das vom Himmel herabgekommen ist» (Joh 6,51; vgl. 6,41). Brot des Lebens ist Jesus somit, weil auch er vom Wort Gottes lebt: er gibt nur, wovon er selber sich nährt und lebt. Obwohl das Ich-bin-Wort wie die ganze Brotrede keinen direkten

Bezug zur Eucharistie hat, wird es seit altkirchlicher Zeit zur Interpretation der synoptischen Abendmahlsberichte herangezogen. Auch nachreformatorische Abendmahlslieder nehmen die Wendung «Brot des Lebens» auf (z. B. EG 217,2; 218,6).

8.2 Das Licht der Welt (Joh 8,12; vgl. 9,5)

«Ich bin das Licht der Welt. Wer mir folgt, wird nicht in der Finsternis umhergehen, sondern das Licht des Lebens haben» (Joh 8,12). Auch dieses Wort Jesu erschliesst sich vor dem Hintergrund der Prophetie Deuterojesajas, nach dem Gott seinen erwählten Knecht «zum Licht der Nationen» macht, «um blinde Augen zu öffnen, um Gefangene hinauszuführen aus dem Gefängnis und aus dem Kerker, die in der Finsternis sitzen» (Jes 42,6f.). Alle Völker werden als Zeugen aufgerufen, Israel soll vor ihnen Zeuge des einen wahren Gottes sein (Jes 43,9–12). Dieses Forum des endzeitlichen Gerichts ist auch für das Wort Jesu prägend, der vor den jüdischen Autoritäten beansprucht, dass sein Zeugnis wahr sei (vgl. Joh 8,13–19). Es nimmt die Verheissung für Israel auf, das in der Finsternis gehende Volk habe «ein grosses Licht gesehen» (Jes 9,1).

Licht, das in die Finsternis kommt, ist das Thema des Festes, das in den niederschlagsreichen Dezembertagen stattfindet: *Hanukka*, das Fest der Tempelweihe (Joh 10,22), auch Lichterfest genannt (1 Kön 8; Josephus, ant. XII, 325). Es markiert die Erfüllung der Gebete des Laubhüttenfestes *Sukkot*, die nicht nur den Segen des Regens, sondern auch das Kommen des Befreiers von Unterdrückung erbitten (Schein, 128). Das Licht zeigt gerade bedrängten, unfreien Menschen den Weg zu Gott. Darin erfüllt sich die Bestimmung Jesu, wie bereits der Prolog sagt: Er ist das

Licht, das in der Finsternis scheint, das wahre Licht, das alle Menschen erleuchtet (Joh 1,5.9), sodass sie nicht mehr in der Finsternis von Unwissenheit und Sünde umherirren müssen. Jesus nimmt also für sich in Anspruch, das zu verwirklichen, wozu das Volk Israel bzw. der Messias berufen ist, nämlich das Licht zu sein, das jedem Menschen Einsicht in den eigenen Weg, das heisst ein neues Bewusstsein seiner Lebensaufgabe schenkt.

Das Ich-bin-Wort vom Licht eröffnet eine Gerichtsrede, insofern es jede und jeden mit der Frage konfrontiert: Wie lebst du? Die Frage, ob wir zum Licht oder zur Finsternis gehören, bewusst oder unbewusst leben, führt in eine Krise (vgl. Sanford 1998, 24). Widerstände gegen ein neues Bewusstsein, wie Jesus es durch sein Wirken vermittelt, sind stark. Die Pharisäer sind im alten Bewusstsein «dieser Welt» verhaftet, deshalb bekämpfen sie das Licht. Jesus weist darauf hin, dass auf dem Weg mit ihm eine Erneuerung und Neuorientierung in Gang kommt: Wer ihm nachfolgt, nimmt das Leben in einem neuen Licht wahr und hört auf, dunklen Mächten zu folgen.

8.3 Die Tür (zu den Schafen) (Joh 10,7.9)

«Amen, amen, ich sage euch: Ich bin die Tür zu den Schafen. […] Ich bin die Tür. Wenn jemand durch mich hineingeht, wird er gerettet werden und wird ein- und ausgehen und eine Weide finden» (Joh 10,7.9). Die «sachlich engste Parallele» (Thyen 2005, 483) zu diesem Wort bietet das Ich-bin-Wort vom Weg (Joh 14,6). Der Kontext, in dem Jesus sich als «Tür der Schafe» und deren «Hirte» bezeichnet, ist eine polemische Hirtenrede: Sie wendet sich, zunächst mit einer Rätselrede (*paroimía*), dann direkt in der Ich-Form gegen Diebe, Räuber und Lohnarbeiter, die die Schafe stehlen und dem Verderben preisgeben oder feige dem Wolf als Beute überlassen. Im Gegensatz zu dem Hirten, der frühmorgens zur Schafherde geht, kommen sie heimlich im Schutz der Nacht. Sie sind nicht durch die Tür hineingelangt, der Hirte dagegen betritt die Weide durch die vom Türhüter bewachte Tür.

Wenn Jesus sich als die Tür bezeichnet, hat er die *Schafe* im Blick, die durch die Tür sicher aus ihrer Weide heraus- und in sie zurückgehen. Adressaten der Rede sind die Pharisäer (Joh 9,40; 10,6), die unmittelbar vorher in der Erzählung vom Blindgeborenen in ihrer Arroganz porträtiert werden. Sie, die religiösen Führungsfiguren des Gottesvolkes, erscheinen als «Diebe» und «Räuber». Aber die Schafe – bei fortlaufender Lektüre denkt man an den geheilten Blinden – haben nicht auf sie gehört.

Eine Tür öffnet sich, um jemanden hereinzulassen; sie kann aber auch Menschen ausschliessen oder einsperren. «Christus als die Tür ist nicht nur die Öffnung, durch die die legitimen Schafe ihren Weg finden. Er ist auch die Macht, die denen den Weg versperrt, die nicht in der Lage sind, den Weg zu finden» (Sanford 1998, 60f.). Die absolute Aussage «Ich bin die Tür» betont, dass Jesus in Wahrheit der Einzige ist, der Zugang zum wahren Leben (Joh 10,10) eröffnet. Ihre kritische Spitze richtet sich nicht gegen Angehörige anderer Religionen, sondern gegen die Autoritäten des Gottesvolkes: Wenn er allein die Tür ist, haben sie nicht zu bestimmen, wer zur Herde gehört.

8.4 Der gute Hirte (Joh 10,11.14)

Die Hirtenrede Jesu (Joh 10,1–18) ruft eine starke biblische Tradition in Erinnerung, die die ungläubigen Führer Israels als schlechte Hirten darstellt, die ihre Herde den Wölfen ausliefern (vgl. Jer 23,1–8; Ez 34,2ff.; Sach 10,2–3; 11,4–17). Diese prophetischen Texte müssen den erzählten Zuhörern Jesu vertraut gewesen sein. Die Rede von einem *guten* Hirten ist dagegen nur rabbinisch (Mekhilta 57–59) belegt, im Alten Testament findet sich kein Beispiel dafür.

Jesus erklärt, er sei der gute Hirte des Gottesvolkes. Eines Tages wird er zur Hingabe seines Lebens für seine Herde bereit sein: «Ich bin der gute Hirt. Der gute Hirt setzt sein Leben ein für die Schafe» (Joh 10,11). Der gute Hirte wird das Opferlamm für das Volk werden. Dann spricht er von der Beziehung zu seiner «Herde», die in seiner Beziehung zum Vater begründet ist: «Ich bin der gute Hirt und kenne die Meinen, und die Meinen kennen mich, wie der Vater mich kennt und ich den Vater kenne» (Joh 10,14). Mit «kennen» ist ein wechselseitiges Miteinander-vertraut-Sein gemeint. Jesus weiss sich vom Vater gekannt und geliebt. Es ist sein Geheimnis, der Schlüssel seiner ganzen Sendung, dass er sein Leben und Dasein darin findet, auf diese Beziehung zu antworten (vgl. Robinson, 359).

Der gute Hirte hält die Schafe durch seine Stimme zusammen. Er ruft sie mit Namen, und sie folgen ihm, weil sie seine Stimme kennen (Joh 10,4f. 27). Indem sie auf ihn hören, werden sie «*eine* Herde mit *einem* Hirten» (Joh 10,16). Der Theologe Karl Barth, gegen Ende seines Lebens nach seinem Glauben gefragt, antwortete mit einem Kinderlied der Herrnhuter Brüdergemeine: «Weil ich Jesu Schäflein bin, freu ich mich nur immerhin über meinen guten Hirten, der mich wohl weiss zu bewirten, der mich liebt, der mich kennt und bei meinem Namen nennt» (EG Bayern 593,1).

8.5 Die Auferstehung und das Leben (Joh 11,25)

«Ich bin die Auferstehung und das Leben. Wer an mich glaubt, wird leben, auch wenn er stirbt» (Joh 11,25). Dieses Wort wendet sich nicht gegen den Glauben an die endzeitliche Auferstehung «aller, die in den Gräbern sind» (Joh 5,28f.). Der Sprecher bezeugt vielmehr in einer konkreten Situation, dass *in ihm* Auferstehung und ewiges Leben bei Gott *wirklich* da sind. Aus dem Zusammenhang der Erzählung weiss die Leserin, der Leser, dass Jesus gekommen ist, um seinen verstorbenen Freund Lazarus aus dem Todesschlaf zu erwecken. Wenn er zu Marta sagt, dass der Glaubende leben wird, auch wenn er stirbt, so bedeutet das zum einen: Auch Glaubende müssen den leiblichen Tod sterben. Zum andern macht die unmittelbar anschliessende Lebenszusage deutlich, dass das in Christus geschenkte ewige Leben der Glaubenden unzerstörbar ist und nicht mit dem leiblichen Tod endet: «Wer lebt und an mich glaubt, wird in Ewigkeit nicht sterben» (Joh 11,26).

Das gilt nicht erst in ferner Zukunft nach dem Tod. Auferstehung ist «eine ganz neue Existenzweise» (Grün, 532), die für Glaubende schon jetzt das Leben qualitativ verändert. Denn «wer an den Sohn glaubt, hat das ewige Leben» (Joh 3,36)! «Ewigkeit» (*aiōn*) hat im Alten Testament die Grundbedeutung «Lebenszeit», «ewiges Leben» ist dem entsprechend bei Johannes als ein Christus zugehöriges Leben, als Lebenszeit mit Christus zu verstehen, die nicht aufhört.

> «Wer also ‹in› der unaussprechlichen Wirklichkeit Jesu lebt, für den oder die gibt es keinen Tod. […] Wir werden aufgefordert, in das mystische Sein Christi einzutreten und uns spirituell in seine unaussprechliche Wirklichkeit aufnehmen zu lassen» (Sanford 1998, 76).

8.6 Der Weg, die Wahrheit und das Leben (Joh 14,6)

«Ich bin der Weg, die Wahrheit und das Leben; niemand kommt zum Vater, es sei denn durch mich» (Joh 14,6; vgl. 10,9). Dieses Ich-bin-Wort aus den Abschiedsreden Jesu enthält das Bild des Weges, in dem Johannes seine Christologie konzentriert und zusammenfasst (JANT, 185).

Jesus kündigt seinen Jüngern an, dass er hingeht, um ihnen im Haus seines Vaters die Stätte zu bereiten. Thomas fragt ihn: «Herr, wir wissen nicht, wohin du gehst. Wie können wir da den Weg kennen?» (Joh 14,5). Er ist derjenige, der alles ganz genau wissen will. Doch hier kommt es nicht darauf an, etwas über die sinnlich wahrnehmbare Realität zu wissen, sondern Jesus als den zu erkennen, durch den man Gott erkennt und sieht. Das ist eine Erkenntnis, die erst durch persönliche Erfahrung, durch ein die Augen öffnendes Vertrautsein mit dem anderen erreicht wird. Nach Johannes ist Jesus auf einzigartige Weise transparent: Durch ihn scheint Gott hindurch, wie es nur durch einen Menschen geschehen kann, in dem Gottes Wort Fleisch geworden ist:«Wer mich sieht, sieht den Vater» (Joh 14,9).

In diesem Zusammenhang spricht Jesus von sich selbst als dem Weg (vgl. Joh 10,9): Er kann die Seinen zum Vater führen, weil er in Person die Wahrheit und das Leben ist. Hier ist nicht von abstrakten Begriffen die Rede, sondern vom irdischen, historischen Jesus, einem jüdischen Mann, dessen Leben und Wirken ganz für das Leben und Wirken Gottes transparent sind. Seiner Selbstmitteilung zufolge ist allein er der Weg, durch den jemand zu Gott kommt.

Christinnen und Christen aus der nichtjüdischen Völkerwelt haben später für ihr Christentum beansprucht, allein in ihm sei die Wahrheit zu finden, und diesen Absolutheitsanspruch gegenüber Juden und Ketzern gewaltsam durchzusetzen versucht. An die Stelle des heilsamen Nichtwissens, das in der Thomasfrage zum Ausdruck kommt, trat ein von Existenzwahrheit gelöstes Wissen, Zustimmung zu «richtigen» Glaubenssätzen ersetzte das wahrhaftige Zeugnis. Dabei wurde der Glaube an Jesus Christus als Bedingung missverstanden, die Menschen erfüllen müssten, um zu Gott zu kommen und ewiges Leben zu haben (vgl. Thyen 2005, 623–626). Glaube ist bei Johannes jedoch «nicht die Bedingung, sondern die Folge der Rettung» (Thyen, 624). Er entspricht der Öffnung des Weges, die der Vater längst in Christus vollzogen hat. Jesu Aussage wäre daher mit jener aus der Brotrede zu verbinden: «Niemand kann zu mir kommen ausser dem, den der Vater zieht» (Joh 6,44). Durch Gott, nicht durch sich selbst wird Jesus den Menschen bekannt. Die Pointe seines Ich-bin-Wortes lautet also: Wer nicht zu *mir* kommt, kommt auch nicht zu Gott, der mich gesandt hat und den ich den Vater nenne.

8.7 Der wahre Weinstock (Joh 15,1-8)

Mit dem Bild vom wahren Weinstock, das er seinen Jüngern auslegt (Joh 15,9–17), greift Jesus auf ein vertrautes Bild für das Gottesvolk zurück (JANT, 187), das die Schriften des Alten Testaments entfalten. Er knüpft an das Bild vom Weingärtner und seinem Weinberg an, das die Beziehung des Gottes Israels zu seinem Volk beschreibt (Ps 80,9–12; Jes 5,1–7; Jer 2,21).

Einen Weinstock zu ziehen erfordert viel «Erziehungsarbeit». Er muss mehrere Jahre regelmässig beschnitten werden, bevor seine Reben gute Früchte hervorbringen. Der Weingärtner schneidet im Winter Triebe und Blätter zurück, damit das Wachstum sich auf die Reben konzentriert. Eine Rebe, die keine Frucht bringt, wird abgeschnitten, während Reben, die Frucht bringen, ständige Reinigung brauchen, um mehr Frucht zu bringen. Das Ich-bin-Wort Jesu zielt darauf ab, dass die Jünger in ihm bleiben wie die Reben am Weinstock. Dafür brauchen sie den Weingärtner, der ihre unnützen Triebe immer wieder «reinigt», das heisst beschneidet und läutert. Sobald sie sich von Jesus ablösen, verdorren sie, das heisst sie verlieren ihre Lebenskraft. «Ohne mich könnt ihr nichts tun» (Joh 15,5) bedeutet: Ohne dauernde Verbindung zu mir und meinen Worten könnt ihr keine Frucht bringen und nicht meine Jünger werden.

Als der wahre Weinstock «nährt» Jesus sich von der Liebe des Vaters und teilt sie den Seinen mit (Joh 15,9ff.). So ermöglicht er ihnen, das zu sein, wozu Israel berufen ist, nämlich fruchtbare Reben im Weinberg des Herrn. In ihm zu bleiben, bedeutet, in seiner Liebe zu bleiben, so wie er in der Liebe des Vaters bleibt. Die Frucht, die sie bringen, ist demnach ihre gegenseitige Liebe. Ausdrücklich werden die Adressaten angesprochen und ins Bild gesetzt: «Ihr seid die Reben» (Joh 15,5). Zwischen dem Weinstock und den Reben besteht eine organische Verbindung: Der eine und die vielen bilden eine innige Lebensgemeinschaft. «In der lebendigen Einheit von Einheit und Verschiedenheit ist der ‹Weinstock› Inbegriff des Lebens schlechthin [*zoē*] und dies als lebengebendes Leben (5,26)» (Ringleben, 485).

8.8 Ich bin ein König (Joh 18,37)

Der römische Statthalter Pontius Pilatus fragt Jesus im Verhör: «Bist du der König der Juden?» (Joh 18,33). Der Gefangene weicht der Frage zunächst aus, erklärt dann aber, sein Königtum (*basileía*) sei nicht von dieser Welt bzw. «nicht von hier» (Joh 18,36). Erst auf die erneute Nachfrage erwidert er: «Ich bin ein König» und erklärt, worin sein Königtum besteht und wie man es begreifen soll: «Dazu bin ich geboren, und dazu bin ich in die Welt gekommen, dass ich für die Wahrheit Zeugnis ablege. Jeder, der aus der Wahrheit ist, hört auf meine Stimme» (Joh 18,37). Damit werden alle Hörer und Leserinnen des Evangeliums eingeladen, auf die Stimme dieses Königs zu hören, der kein selbstherrliches Regime errichten will, sondern für Gottes freimachende Wahrheit eintritt. Diese Rede erinnert an das Ich-bin-Wort vom guten Hirten, dessen Schafe seine Stimme genau von der Stimme des Fremden unterscheiden. Biblischer Hintergrund sind Verse aus dem Buch Ezechiel, wo Gott erklärt, dass er dem Volk seinen Knecht David als treuen Hirten und König senden will (Ez 34,23f.).

Alle Ich-bin-Worte Jesu, «die von seinem Sein als Brot, Wasser, Licht, Wein, Leben, Weg usw. sprechen, führen zu der Einsicht, dass es bei solchen Prädikaten immer um die Suche des Menschen nach *Leben* geht, sodass sie alle jeweils dessen Ganzes meinen» (Ringleben, 455). Der Sinn der verwendeten Sprachbilder erschliesst sich nur im Lesen oder Hören. «Die Christusbilder müssen gesehen, mit Augen wahrgenommen, d.h. aber zuletzt sinnlich erfahren werden, um verstanden werden zu können» (Zimmermann, 76).

9. Die Salbung Jesu in Betanien (Joh 12,1–8)

Wie die Erzählung vom öffentlichen Wirken Jesu mit einer genauen Zählung von sechs Tagen beginnt, so markiert sie auch seine letzte Woche: «Sechs Tage vor dem Passa» (Joh 12,1) kommt

Jesus wieder nach Betanien, und dieser Tag ist verbunden mit dem seines Begräbnisses am Abend vor dem Passahfest (Joh 12,7; 19,14.31.42). Johannes setzt die entsprechenden Erzählungen der Synoptiker voraus (Mk 14,3–11; Mt 26,6–13; Lk 7,36–50), ändert aber die Reihenfolge der Ereignisse. Er erzählt zuerst von der Salbung Jesu, dann vom Einzug in Jerusalem und verortet die Szene im Haus von Lazarus, Marta und Maria. Wie bei Lukas salbt eine Frau die Füsse Jesu mit kostbarem Nardenöl, doch nur Johannes nennt ihren Namen. Hier «wäscht» Maria Jesus die Füsse, ein Sklavendienst, den sie freiwillig aus Liebe tut, sodass die Szene als Gegenstück zur Waschung der Füsse der Jünger durch ihren Herrn (Joh 13,1–11) erscheint.

Der Duft des wertvollen Öls erfüllt das ganze Haus. Judas, den der Erzähler bereits als den Mann gekennzeichnet hat, der Jesus «ausliefern» sollte (Joh 6,71), tadelt Marias Handlung als Verschwendung. Er beziffert die Kosten der Salbe mit dreihundert Denaren, römischen Silbermünzen, deren Wert dem Jahreseinkommen eines Tagelöhners entspricht. Sein Argument, man hätte den Erlös den Armen geben können, wird vom Erzähler als scheinheiliger Vorwand beurteilt: Judas habe nur das Geld für sich beiseiteschaffen wollen. Die beiden Merkmale, die der Figur des Judas damit zugeschrieben werden, Verrat und Geldgier, bestimmen künftig sein Bild und werden in der späteren Wirkungsgeschichte auf «die Juden» übertragen. Rätselhaft wirkt Jesu Antwort: «Lass sie, sie soll es bewahrt haben für den Tag meines Begräbnisses. Arme habt ihr ja allezeit bei euch, mich aber habt ihr nicht allezeit» (Joh 12,7). Damit ist wohl gemeint, dass Maria das Nardenöl für seine Einbalsamierung aufbewahren wollte. Mit ihrer Salbung hat sie Jesus zum Begräbnis vorbereitet. Er bestreitet nicht das Gebot der Thora, den Armen zu helfen, sondern setzt voraus, dass die Jünger allezeit dazu Gelegenheit haben. Aber jetzt ist ihm gegenüber etwas anderes nötig, das Maria zum richtigen Zeitpunkt getan hat.

10. Einzug in Jerusalem (Joh 12,12–19)

Die johannäische Erzählung vom Einzug in Jerusalem hängt von der des Markus (Mk 11,1–10) ab, verknüpft jedoch das Ereignis mit der Lazarusgeschichte (Joh 11). Bei seinem Einzug in die Stadt begrüsst eine grosse Menge von Festpilgern Jesus mit Palmzweigen und Hosanna-Rufen als den König Israels. Palmzweige und der Jubelruf aus Psalm 118 kennzeichnen einen königlichen Triumphzug. Seine Jünger verstehen zunächst nicht, weshalb Jesus auf einem jungen Esel einreitet. Erst nach seinem Tod erinnern sie sich, dass der Prophet Sacharja (Sach 9,9) Jerusalem (der «Tochter Zion») gerade so den messianischen König ankündigt. Jesus zeigt ohne Worte, dass er als Friedenskönig kommt, um den Völkern Frieden zu gebieten, und alles Kriegsgerät beiseiteschaffen will. Mit dem endzeitlichen Gottesprädikat «König Israels» (Zeph 3,15) macht Johannes deutlich, wer hier in der Mitte Israels erscheint: der Sohn Gottes und Gott, die «eins» sind (Joh 10,30).

Weshalb huldigen die Festpilger Jesus wie einem siegreichen König? Johannes erklärt, dass sie hören, wie die Volksmenge das Wunder der Auferweckung des Lazarus erlebt hat. Das Zeugnis dieses messianischen Zeichens veranlasst sie, Jesus entgegenzugehen «und sich zu ihm als dem Messias zu bekennen» (Schneider, 227). Die Pharisäer kommentieren das sarkastisch: «Ihr seht, alle Welt läuft ihm bereits nach» (Joh 12,19; vgl. 11,48)!

Drei Haltungen gegenüber Jesus werden bei seinem Einzug sichtbar: a) Den *Jüngern*, die mit Jesus unterwegs sind, wird erst im Nachhinein klar, dass er nicht als Eroberer irdischer Reiche kommt, sondern als Friedenskönig, dessen Königtum «nicht von dieser Welt» (Joh 18,36) ist. b) Das *Volk* erscheint als bewegte Menge, die in ihm ihren Führer sieht, und seine «kollektive Meinung» (Sanford 1998, 100) ist leicht beeinflussbar. c) Die *Pharisäer* verachten die Menge und sehen durch Jesus ihre Macht bedroht.

11. Ankündigung der Verherrlichung Jesu (Joh 12,20–36)

Johannes bezeichnet den Kreuzestod Jesu als «Erhöhtwerden» des Menschensohns (vgl. Joh 3,14), um zu verdeutlichen, dass der Gekreuzigte in eine Stellung höchster Würde eingesetzt wird. Er nennt die Kreuzigung auch Jesu «Verherrlichtwerden» (Joh 7,39; 8,54; 12,16.28; 21,19 u. ö.). Beide ungewöhnlichen Wendungen spielen an auf die sogenannten Gottesknechtslieder des zweiten Jesaja (Jes 42–53), vor allem auf die Zeile: «Sieh, mein Diener wird Erfolg haben, er wird emporsteigen [Septuaginta: erhöht werden], wird hoch erhoben und sehr erhaben sein» (Jes 52,13). Für Johannes ist Jesu Leiden und Sterben ein «Ins-Licht-Treten – nicht nur der Öffentlichkeit, sondern auch und vielmehr des himmlisch-göttlichen Lichts» (Steiger 1982, 52).

Die Szene nach dem Einzug Jesu (Joh 12,20–26) ereignet sich im Vorhof des Tempels (Schein, 156). Griechen kommen als Festpilger zum Passahfest nach Jerusalem. Pessach wurde zu Jesu Zeit als Wallfahrtsfest begangen. Nichtjuden konnten dazukommen, um im Vorhof des Tempels zu beten, der als Haus des

Gebets allen Völker offen steht (Jes 56,7). Das Kommen von Menschen aus der Völkerwelt ist für Johannes theologisch bedeutsam: in den Kapiteln 10–12 wird immer wieder auf den Plan Gottes hingewiesen, die Heiden zu retten. Ihr Erscheinen im Tempelbezirk zeigt an (vgl. Joh 10,16), dass jetzt für Jesus die Zeit gekommen ist, sein Leben hinzugeben; aus prophetischer Sicht (Jes 2,2f.) ist es ein Signal der Endzeit.

Es wird nicht erzählt, ob die Griechen Jesus wirklich gesehen haben. Sie verschwinden spurlos aus der Szene. Berichtet wird nur, dass sie persönlichen Zugang zu Jesus suchen. Das griechische Wort für «sehen» heisst hier mehr als Jesus «in Augenschein nehmen». Die Griechen wollen mit Jesus bekannt werden und von ihm glauben lernen. Sie suchen einen Zugang zum Leben, das er verspricht und das nur auf seinem Weg zugänglich ist (vgl. Joh 11,25f.; 14,6). Ihr Sehen zielt auf die Herrlichkeit, den einzigartigen Glanz Jesu (Joh 1,14; 11,40; 17,24), das heisst auf ein Sehen und Erkennen des Vaters im Sohn (Joh 12,45; 14,7).

Aber einen direkten Zugang zu Jesus gibt es nicht. Er muss durch Apostel vermittelt werden, durch das Gespräch mit denen, die bereits mit Jesus auf dem Weg sind. Philippus und Andreas sind den Lesenden des Evangeliums bereits bekannt: Beide stammen aus Betsaida in Galiläa (vgl. Joh 1,44), einer kleinen, von Juden, Griechen und Syrern bewohnten Hafenstadt (vgl. Pixner, 130), und sprechen Griechisch.

Es ist nicht eindeutig, ob Jesus sich nur an die beiden Jünger wendet oder auch die Repräsentanten der nichtjüdischen Völker anspricht. Er kündigt die Zeit an, in der er verherrlicht werden wird: das Ziel seines Wegs, sein Sterben am Kreuz vor den Augen der Völkerwelt. Als Menschensohn steigt er in die himmlische Welt auf (vgl. Joh 6,62) und erlangt so seine Verherrlichung.

Darin kommt seine Sendung, die von Anfang an auf *alle* Menschen ausgerichtet ist (vgl. Joh 4,42; 7,35; 17,2), zu ihrem Ziel. Alle, die an ihn glauben, das heisst seinen Weg mitgehen und nachgehen, werden seine Herrlichkeit sehen (Joh 17,24). Nur als der Erhöhte und Verherrlichte kann er alle zu sich ziehen (Joh 12,32).

In der Stunde seiner Passion wird auch den nichtjüdischen Menschen ein Zugang zum Leben und zur wahren Anbetung eröffnet. Im Bildwort vom Weizenkorn setzt Jesus die Zuhörenden über seinen Weg ins Bild: Er selbst *muss* leiden und sterben, um viel Frucht zu bringen. Die Stunde seines Todes wird im Bild als eine fruchtbare, ja «freudenbringende Stunde» (Schnackenburg I, 480) wahrgenommen. Denn nur durch seinen Tod können *alle* Menschen das Leben gewinnen. Dasselbe Gesetz gilt für seine Jünger. Auch sie müssen gleichsam durch den Tod hindurchgehen. Jesus gewinnt Menschen *durch* und *für* sein Sterben. Nur wenn sie an bzw. in ihm bleiben, werden sie viel Frucht bringen (vgl. Joh 15,1–8).

Wer Jesus kennenlernen will, muss dem Leben mit ihm den Vorzug geben. Er oder sie führt somit kein privates Leben mehr. Das Wort vom Leben spricht von zwei Haltungen, die sich gegenseitig ausschliessen: Man kann das eigene Leben (*psychē*) nicht zugleich lieben und hassen. Es weist damit auf den johanneischen Gegensatz zwischen dem Leben dieser Welt und dem wahren, ewigen Leben (*zoē*) bei Gott.

Johannes aktualisiert hier für seine bedrängte Gemeinde ein synoptisches Wort (Mk 8,35) und zeigt, wie anders jemand Leben wahrnimmt, wenn er Jesus nachfolgt. Sein Leben für sich haben, Leiden und Selbsthingabe um jeden Preis vermeiden wollen, ist jetzt eine unmögliche, fruchtlose Möglichkeit: definitives

Alleinbleiben. Wer sich mit Jesus verbunden weiss als Frucht seines Sterbens, hört auf, sein Leben als etwas ihm allein Gehöriges zu lieben. Denn der Glaubende hat bei Jesus einen Ort ausserhalb «dieser Welt» gefunden. Er hängt nicht mehr von der Sphäre des Bösen ab. Darum kann er sein Leben als Objekt dieser Welt «hassen», d. h. sich selbst transzendieren. Er will nichts mehr mit ihm gemein haben. So kann jemand sein Leben von Grund auf neu als Gottes Gabe im Zusammenhang mit dem göttlichen, alle Grenzen überschreitenden Leben wahrnehmen und bewahren.

Jesus ruft also nicht zum Selbsthass auf, wenn er sagt, dass, wer sein Leben hasst, es bis ins ewige Leben bewahren wird (vgl. Joh 12,25). Er fordert von denen, die ihm nachfolgen, keine lebensfeindliche Haltung, sondern kehrt die geläufige Wahrnehmung des Lebens um: Wer sein Leben liebt, verliert es, wer es hasst, bewahrt es. Damit wird das Leben in seiner ganzen Fülle gewürdigt, die auch das Leid umfasst.

«Wenn einer mir dienen will, folge er mir nach; und wo ich bin, da wird auch mein Diener sein» (Joh 12,26). Das Wort vom Dienen präzisiert, was passiert, wenn man Jesus kennenlernen und Anteil an dem Leben gewinnen will, das er verspricht. «Der Weg des Jüngers führt dorthin, wo Jesus selbst ist, und der ihm Dienende wird vom Vater geehrt werden» (Schnackenburg I, 483). Man kann diesen Herrn nicht anders kennen und mit ihm leben als eben so, dass man ihm dienen lernt: sehend, mitgehend, nachfolgend. Wer dient, sieht anders: sieht, wer Jesus wirklich ist, und erhält Anteil an seinem Glanz. Die Redeweise, dass die Nachfolgenden dort sein werden, «wo ich bin» (Joh 12,26), ist doppelsinnig. Wer nachfolgt, wird auch bereit sein, in den Tod zu gehen, also sein Leben hinzugeben, doch wird er auch durch den Tod das Ziel erreichen: im Raum Jesu, im Haus des Vaters (vgl. Joh 14,2f.) zu sein.

Die folgende Rede (Joh 12,27–36) führt weiter aus, was in der von Gott bestimmten Leidens- und Todesstunde geschehen wird. Jesus bittet darum, dass Gott sein Werk vollendet: «Vater, verherrliche deinen Namen» (Joh 12,28). Die Stunde der Verherrlichung ist da, das wiederholte «Jetzt» unterstreicht die kosmische Bedeutung dieses Ereignisses: Über diese Welt ergeht das Gericht, und der «Herrscher dieser Welt», der Satan, wird entmachtet. Die von messianischer Hoffnung bewegte Volksmenge will wissen, wer der Menschensohn ist, von dem er spricht. Wie im Gespräch mit Nikodemus (Joh 3,19–21) und in der Erzählung von der Heilung des Blindgeborenen (Joh 9,5) antwortet Jesus mit einer Rede vom Licht: Es ist nur eine kurze Zeit, in der das Licht unter den Menschen ist. Man muss es auszunutzen, wenn man das Ziel erreichen will. Daher seine Mahnung: «Geht euren Weg, solange ihr das Licht habt», das heisst solange ich bei euch bin, und «glaubt an das Licht, damit ihr Söhne und Töchter des Lichts werdet» (Joh 12,35f.).

12. Jesu Abschied von den Seinen (Joh 13–17)

Mit Johannes 13 beginnt der Teil des Evangeliums, in dem Jesus nicht in der Öffentlichkeit wirkt, sondern seine Jünger unterweist. Er ist mit ihnen allein und nimmt vor dem Passionsgeschehen von ihnen Abschied. Während diese Szenen sich bei den Synoptikern auf einige Tage verteilen, ist bei Johannes «alles, was der Passion unmittelbar vorausgeht und auf sie hinleitet, in die Gespräche und Reden einer einzigen Nacht zusammengedrängt»

(Bultmann 1941, 348). Der Jüngerkreis um Jesus repräsentiert die Seinen überhaupt, das heisst weit über die Juden hinaus alle Menschen (vgl. Thyen 2005, 584). «Es ist *die Gemeinde*, in der Jesus hier steht, und zu der er redet, für die er betet» (Bultmann 1941, 349).

12.1 Die Fusswaschung (Joh 13)

Die Einleitung (Joh 13,1–4) bezieht sich nicht nur auf diese Szene, sondern auf den ganzen Akt des langen Abschieds, der mit Johannes 17 endet. Alles, was nun erzählt wird, ist auf den Abend des vorletzten Tags von Jesu irdischem Leben konzentriert. Jesus weiss, dass die Stunde seines Heimgangs zum Vater gekommen ist. Mit dem, was er jetzt tut, erweist er den Seinen seine Liebe bis zuletzt bzw. bis zur Vollendung (vgl. Joh 19,30). Die Fusswaschung ist als Zeichen seiner Lebenshingabe zu begreifen. Jesus ist mit seinen Jüngern zum letzten Mahl versammelt. Er weiss um die Bestimmung des Judas, dem der Teufel (*diábolos* = wörtlich: Durcheinanderwerfer) bereits den Entschluss eingegeben hat, ihn auszuliefern, und weiss auch, «dass der Vater ihm alles in die Hände gegeben hatte» (Joh 13,3). Feierlich wird sein Handeln geschildert: er steht auf, legt seine Kleider ab, bindet sich wie ein Sklave ein Leinentuch um und beginnt, seinen Jüngern die Füsse zu waschen.

Simon Petrus will sich diesen Dienst nicht gefallen lassen, der selbst einem jüdischen Sklaven nicht zugemutet wurde. Die Antwort Jesu an ihn gilt, wie die Fortsetzung seiner Rede bestätigt, allen Jüngern: «Was ich tue, begreifst du jetzt nicht, im Nachhinein aber wirst du es verstehen» (Joh 13,7). Petrus beharrt auf seiner Weigerung. Er verschärft sie sogar, indem er betont, niemals werde er zulassen, dass Jesus ihm die Füsse wasche. Doch Jesus bemüht sich weiter um ihn und macht ihn auf die umfassende Bedeutung seines Handelns aufmerksam: «Wenn ich dich nicht wasche, hast du nicht teil an mir» (Joh 13,8). Nicht bloss vom Waschen der Füsse ist jetzt die Rede, sondern die Füsse stehen für den ganzen Menschen, «für unsere Beziehung zur Welt» (Grün, 547), sodass die Fusswaschung einem reinigenden Vollbad gleichkommt. Wer sich schämt, diesen Dienst Jesu an sich geschehen zu lassen, schliesst sich aus der Gemeinschaft mit ihm aus.

Nun verfällt Petrus ins andere Extrem und will gleich Füsse, Kopf und Hände von Jesus gewaschen haben. Natürlich will er Miterbe Jesu sein und an dem wahren, ewigen Leben teilhaben, das der Sohn wie der Vater «in sich selbst» hat (Joh 5,26). Aber die Symbolik der Handlung Jesu begreift er immer noch nicht. Darum erklärt ihm Jesus: «Wer so gewaschen [wörtlich: gebadet] ist, wie ich das euch tue, der bedarf keiner weiteren Waschung mehr, er ist vielmehr ganz rein; und ihr seid rein, aber nicht alle» (Joh 13,10; anders Zürcher Bibel).

Für die Leserinnen und Leser des Evangeliums mögen Jesu Antwort an Petrus und seine Erklärung «ein verhüllter Hinweis auf die christliche Taufpraxis sein und auf ihr eigenes Getauftsein» (Thyen 2005, 589). Mit Petrus lernen sie: Wer durch die Taufe, das Bad der Wiedergeburt, «‹ganz rein› geworden ist, muss, um sich diese Reinheit zu bewahren, die Füsse waschen lassen, um durch Jesus zu Gott zu gelangen» (Söding, 82). Johannes versetzt die Lesenden, den Jüngern gegenüber in eine «privilegierte Position» (ebd.). Sie erfahren, dass die Empfänger der Fusswaschung unwissende Schüler sind, die die grenzenlose Liebe, die Jesus ihnen erweist, nicht begreifen.

Nach der Fusswaschung fragt Jesus seine Jünger, ob sie begreifen, was er ihnen getan hat, und gibt ihnen eine neue Deutung des Vorgangs, die über das Gespräch mit Petrus hinausführt. Erst im Licht von Ostern wird sich seine Handlung in ihrer ganzen Wahrheit erschliessen: als Zeichen für das, was er in liebender Hingabe für seine Jünger und für alle, die das Evangelium mit Verständnis lesen, getan hat. Sein Beispiel soll ein Vorbild für sie sein. Durch sein Verhalten als ihr Herr und Meister hat er «die gesamte Weltordnung von Herrschaft und Knechtschaft […] ausser Kraft [gesetzt]» (Thyen 2005, 592). Calvin hat daraus gefolgert, Christus gebiete uns, «das ganze Leben bereit [zu] sein, den Brüdern die Füsse zu waschen» (zit. nach Thyen, 593). Das bedeutet nicht nur, zur «ständige[n] Aufhebung der Rangordnungen» (Schroer/Staubli, 156) bereit zu sein, sondern auch, die Brüder und Schwestern da zu berühren, wo sie sich schmutzig machen und verwundbar sind, sodass sie sich selbst annehmen und rein und lauter fühlen können (vgl. Sanders 1998, 114ff.; Grün, 548f.).

In der folgenden Szene (Joh 13,21–30) kündigt Jesus an, dass einer der Anwesenden ihn verraten werde. Alle wissen, was er weiss: dass der Verräter dabeisitzt. Jeder von ihnen muss sich fragen: Bin ich es etwa? Die auf Psalm 42/43 anspielende Wendung «betrübt im Geist» (Joh 13,21 nach Luther; die Zürcher Bibel übersetzt hier allzu abstrakt) zeigt sein tiefes inneres Bewegtsein. Erstmals im Evangelium wird hier der Lieblingsjünger erwähnt, der bei Tisch an der Brust Jesu lag.

> «Der Leser kennt ihn schon lange. Doch er weiss es noch nicht. Denn er soll erst ganz am Ende (Joh 21,24) erfahren, dass dieser geliebte Jünger der allwissende Erzähler der Geschichte Jesu ist, der ihn schon

mit den ersten Sätzen des Prologs an die Hand genommen und ihn Schritt um Schritt geführt und eingewiesen hat in das Geheimnis des Heils, das mit Jesus in die Welt gekommen ist» (Thyen 2005, 597).

Nachdem Judas in die Nacht hinausgegangen ist, der Mann, von dem nur Jesus und sein Lieblingsjünger wissen, dass er der Verräter ist (vgl. Joh 13,28f.), macht Jesus seine Jünger in besonderer Weise füreinander verantwortlich: «Ein neues Gebot gebe ich euch: dass ihr einander liebt. Wie ich euch geliebt habe, so sollt auch ihr einander lieben. Daran werden alle erkennen, dass ihr meine Jünger seid: Wenn ihr bei euch der Liebe Raum gebt» (Joh 13,34f.). Nicht der Imperativ der Liebe ist neu (vgl. Lev 19,18), sondern seine Prägung durch Jesus: Die Jünger sollen einander lieben, *so wie er* sie geliebt hat. Die Ankündigung, noch eine «kurze Zeit» (*mikrón*) werde er bei ihnen sein, verleiht seinem Gebot wie den folgenden Abschiedsreden testamentarischen Charakter.

12.2 Abschiedsreden (Joh 14–16)

Die Kapitel 14–17 umfassen Abschiedsworte und ein grosses Abschiedsgebet Jesu. Wie Söding gezeigt hat, spricht Jesus im Vorspann (Joh 13,31–35) drei Themen an, die in den folgenden Kapiteln durchgespielt und variiert werden: a) die *Verherrlichung* Jesu und des Vaters (Joh 13,31f.); b) der *Weg* Jesu und seiner Jünger (Joh 13,33); c) die *Liebe* (Joh 13,34). «Alle drei Themen sind innerlich verknüpft» (Söding, 86). Das Gespräch Jesu mit seinen Jüngern (Joh 14) entfaltet die Themen zusammenhängend: a) in der Verheissung der himmlischen Wohnungen (Joh 14,1–3); b) im Ich-bin-Wort Joh 14,6 und seiner Auslegung

(Joh 14,4–14); c) im Liebesgebot und seiner Verankerung in der Liebe Gottes (Joh 14,15–31). Sodann werden sie in den beiden folgenden Kapiteln (Joh 15–16) aufgenommen und weiter ausgeführt. Dies geschieht wieder so, dass die Rede Jesu in jedem Kapitel die genannten drei Themen durchspielt: a) die Verherrlichung im Bild des Weinstocks und der Reben (Joh 15,1–8) sowie in der Verheissung des Geistes in Verbindung mit dem Gehen Jesu (Joh 16,5–15); b) der Weg im Gegenmotiv des Bleibens, das sich aus der Liebe ergibt (Joh 15,9–17), und in der Dialektik von Trennung und Wiedersehen (Joh 16,16–24); c) die Liebe im Motiv des Bleibens und im Angebot der Freundschaft mit Jesus (Joh 15,9–17), im Kontrast zum Hass der Welt (Joh 15,18–16,4) und in der Verheissung des Friedens in der Liebe Gottes (Joh 16,25–32) (vgl. Söding, 85f.).

In literarischer Hinsicht kann diese Komposition als «Fortschreibung» des Grundtexts (Joh 13,31–35) verstanden werden, wie sie auch in den alttestamentlichen Prophetenbüchern (z. B. Jesaja) erfolgte. Der Grundtext wäre dann jeweils neu durch kreative, aktualisierende Lektüre (*relecture*) erweitert worden.

Die innere Logik der Abschiedsreden ist jedoch erst erfasst, wenn man sie aus der Situation des Abschieds als seelsorgliche Trostreden Jesu begreift, der seine Jünger durch die Erfahrung der Angst hindurchführt, sodass sie im Glauben frei werden und selber hindurchgehen können. Vier Aspekte seien hervorgehoben, die diese Trostreden auszeichnen:

1. Trauerarbeit mithilfe des Geistes: Der Prozess der Trauerarbeit bedarf der Schritte «Erinnern, Wiederholen, Durcharbeiten» (Sigmund Freud), damit der Verlust realisiert und eine Neuorientierung möglich wird. Darum muss der Lehrer und Seelsorger Jesus lange im Abschied verharren. «Immer neu zurückgehen muss er in diesem Abschied, um jeden neuen Jünger zu trösten und aufzuklären mithilfe des Geistes, der der Geist des Lebens ist» (Steiger 1978, 240). Er, der wie Gott selbst das Leben in sich hat (Joh 5,26), soll allen das Leben geben (Joh 5,24; 6,39f.47); darin besteht seine Sendung, der er auch in den Abschiedsreden treu bleibt. «Eine Weile noch, und die Welt sieht mich nicht mehr, ihr aber seht mich, weil ich lebe und auch ihr leben werdet» (Joh 14,19).

2. Der Geist als Fürsprecher. Die Reden lassen erkennen, dass die Jünger Jesu angesichts seines Weggehens zutiefst erschrocken und ratlos sind. Darauf ist ihr Grundton des Trosts, der Ermutigung abgestimmt. Jesus spricht davon, dass er den Jüngern in seinem Vaterhaus ihre Stätte (*topos*) bereitet, um sie dann zu sich zu nehmen. Er wird sie nicht allein lassen, sondern verspricht ihnen bleibenden Beistand: den *parákletos*, d.h. Fürsprecher, Anwalt, Tröster (Joh 14,16.26; 15,26; 16,7). Er ruft ihn vom Vater herbei, damit er immer bei ihnen bleibe. Dieser «Geist der Wahrheit» wird bei den Jüngern bleiben, er wird *in ihnen* sein und sie an alles erinnern, was der Lehrer gesagt hat (Joh 14,25). Er wird immer von dem geliebten Lehrer Zeugnis geben (Joh 15,26).

> «Dieser Geist erinnert nicht nur an Früheres, sondern sagt, was heute und morgen im Sinne des Lehrers ist. Der Lehrer lässt sich vertreten durch einen Referendar, der klug ist und liebenswert wie er selbst. In alle Wahrheit wird er die Schüler führen – doch so, dass sie selbst alles aus sich erfahren und können. Schüler, die sich selbst belehren (Joh 16,13)» (Steiger 1978, 239f.).

In den Abschiedsreden macht Jesus für die Jünger, die auf immer Freunde (*philíoi*) werden sollen, «sein Weggehen durchsichtig als Freundschaftsdienst. Ist dies nicht das Höchste, was ein Freund für den andern tun kann, als für ihn sein Leben zu lassen (Joh 15,13)?» (Steiger 1978, 240). Er weiss ihnen nichts Besseres zu wünschen, als von ihm verlassen zu werden: «Würdet ihr mich lieben, so hättet ihr euch gefreut, dass ich zum Vater gehe» (Joh 14,28). Um ihr trauriges Herz wissend, erklärt er ihnen später: «Doch ich sage euch die Wahrheit: Es ist zu eurem Wohl, dass ich weggehe. Denn wenn ich nicht weggehe, wird der Fürsprecher [Luther: Tröster] nicht zu euch kommen» (Joh 16,7).

3. Universale Liebe: Johannes gilt seit je als der «Liebesapostel», weil er wie kein anderer Evangelist von der Liebe zu reden weiss. Nirgendwo wird deren Bedeutung so klar wie in Jesu Gebot der wechselseitigen Liebe seiner Schüler (Joh 13,34f.), die sich zur universalen Liebe weitet (Joh 17,21f.). Sie wurzelt im «Urverhältnis der innergöttlichen Liebe» (Timm, 94) zwischen Vater und Sohn (Joh 17,24), die sich in der Lebenshingabe für die Freunde ausdrückt (Joh 15,12–15), und ist auf ein freundschaftliches und liebendes Miteinander ausgerichtet.

In der Auslegung seiner Rede vom Weinstock (Joh 15,9–17) setzt Jesus seine Jünger ins Bild, in welchem Verhältnis er zu ihnen steht. Er erklärt, dass er sie mit göttlicher Liebe liebt, und hinterlässt ihnen dies eine Gebot: «Bleibt in meiner Liebe!» (Joh 15,9). Das ist kein allgemeiner Appell, liebevoll miteinander umzugehen, sondern eine Zusage: Meine Liebe zu euch bleibt euch erhalten. Im Raum dieser Liebe zu bleiben, ist ein sinnfälliges Bild dafür, dass jemand wirklich liebt. Auf das Verhältnis der Jünger zueinander bezogen ist es Jesu erklärter Wille: «dass ihr einander liebt, wie ich euch geliebt habe» (Joh 15,12). Die Liebe untereinander wird ja zuvor als das Kennzeichen eingeführt, an dem alle erkennen, wer Jesu Jünger sind (vgl. Joh 13,34f.). Das Bleiben in seiner Liebe setzt voraus, dass sie in seinem Wort bleiben (Joh 8,31) und *in ihm* bleiben (Joh 15,5). Alles Lieben verdankt sich also *ihm*, dem wahren Weinstock.

In der Liebe Jesu bleibt, wer seine Gebote hält. Dieses praktische Liebesverhältnis entspricht dem Verhältnis des Sohnes zum Vater: Auch der Sohn bleibt nur als Liebender, der den Willen des Vaters *tut*, in der Liebe des Vaters (vgl. Joh 4,34). Er will, dass seine Freude in den Seinen bleibt. Was kann seine Freude anderes sein als das Verhältnis zum Vater, das in der Freude gelebt wird (vgl. Ps 16,11; 33,21; 73,28 u. ö.)? Aus der Erfahrung der unbedingten Liebe des Vaters kommt die Freude, mit der Jesus die Seinen durch seine Liebe in Berührung bringt. Die Freude der Jünger soll sich darin erfüllen, dass sie als Liebende in der Liebe tätig bleiben, die den Sohn mit dem Vater verbindet. Seine Liebe zu ihnen im Verhältnis zueinander widerzuspiegeln, das ist die vollkommene Freude der Jünger. Dies entspricht genau dem Ziel der Sendung Jesu: Die Liebe, mit der Gott ihn liebt, soll in den Jüngern sein (Joh 17,26).

4. Freundschaft mit Jesus: Nach Johannes macht Jesus mit den Jüngern alle, die seine Worte durch das Evangelium lesen und hören, zu seinen Vertrauten. Er weiht uns ein in das Geheimnis der neuen Beziehung Gottes zu den Menschen, die durch ihn Wirklichkeit geworden ist: «Ihr seid meine Freunde» (Joh 15,14a). Seinen Freunden vertraut er an, was er tut; sie sind frei, keine Sklaven, die ihrem Herrn gehorchen müssen, ohne ihn zu verstehen (Joh 15,14f.). Er offenbart ihnen alles, was er von seinem Vater gehört hat. Diese Freundschaft ist weder auf eine bestimmte (kirchliche) Gruppe begrenzt, noch durch andere herstellbar. Sie liegt nicht im Bereich dessen, was wir wählen und verwerfen können. Denn sie hat ihren Grund in seiner Hingabe des Lebens für die Freunde. Damit wird «die höchste Möglichkeit der Liebe» (Bultmann 1941, 417) bezeichnet, die Jesus durch sein Sterben verwirklicht hat. Es ist ein christologischer Satz, der das Für-uns-Sein Jesu Christi umschreibt: Jesus lässt sein Leben für uns, also «sind» wir Freunde, sind es geworden. Seine Jünger sind Freunde geworden, weil er sie dazu bestimmt hat: «Nicht ihr habt mich erwählt, sondern ich habe euch erwählt» (Joh 15,16).

Ohne diese Zusage hängt das Liebesgebot in der Luft. Sie begründet, was es heisst, zu Jesus Christus zu gehören. Es heisst: erwählt sein, befreit sein aus sklavischer Angst und Isoliertheit, in der man die Wahrheit verunstaltet (vgl. Joh 8,32–36), und dazu berufen sein, hinzugehen und Frucht zu bringen. In gegenseitiger Liebe realisieren die Glaubenden, dass sie Freundinnen und Freunde Jesu Christi sind. Sie werden kenntlich als Kirche, als seine Gemeinde, wo sie betend und handelnd in seiner Liebe bleiben. Er zieht sie ins Vertrauen, damit sie, inspiriert von seinen Worten, mehr und mehr von jener Liebe bewegt werden, mit der der Vater den Sohn und im Sohn die Welt liebt (vgl. Joh 3,16; 1Joh 4,9f.).

12.3 Das Abschiedsgebet (Joh 17)

Leitworte sind verherrlichen (*doxázein*) und Herrlichkeit (*doxa*), womit der Lichtglanz, die vollkommene Klarheit und Heilskraft Gottes bezeichnet wird, mithin das, was die Göttlichkeit Gottes ausmacht. Daran hat Jesus teil. Er, der als der Sohn im Anfang bei Gott war (Joh 1,1) und in seinem Leben auf Erden den Vater verherrlicht hat (Joh 17,4), bittet darum, dass der Vater nun ihn verherrliche (Joh 17,1.5). Jesus will also an Gott teilhaben, er will ganz von seinem Wesen durchdrungen und bestimmt sein. Sein Weg vollendet sich darin, dass er in die anfängliche Nähe zu Gott zurückkehrt. Er will aber auch alle, die an ihn glauben, an der ihm verliehenen Herrlichkeit teilhaben lassen. Sie sollen seine Herrlichkeit «schauen». Sein Gebet zielt darauf, «dass diese Verherrlichung Gottes im Kreise seiner Jünger durch Gott bestätigt und vollendet werde, indem der Vater die Glaubenden, die auf Erden bleiben, in die Herrlichkeit des Sohnes mit einbezieht» (Wilckens 1974, 375).

Das Kapitel ist als midraschartige Paraphrase des Unservaters und «eucharistisches Gebet» (vgl. Oscar Cullmann) verstanden worden. Eine Beziehung zur Eucharistie (Abendmahl) wird einmal darin erkennbar, dass Jesus sich selbst für die Gemeinde heiligt (Joh 17,19), zum anderen im Motiv der Gabe: 17-mal begegnet das Verbum «geben» in diesem Kapitel! Johannes überliefert das Abschiedsgebet Jesu als literarisches Testament, ähnlich dem Segensgebet des Mose (Dtn 33).

Jesus tritt vor dem Vater für seine Jünger ein, aber er betet nicht nur für die anwesende Jüngergemeinde, sondern auch für die, die nach seinem Weggang, vermittelt durch das Zeugnis (Wort) seiner Jünger, an ihn glauben werden (Joh 17,20f.). Die Bitte schliesst keineswegs nur «die Christen aller zukünftigen Generationen» (Thyen 2005, 698) ein, sie muss noch umfassender ökumenisch verstanden werden. Augustinus stellt heraus, dass Christus für die glaubende Welt, d.h. alle Glaubenden zu allen Zeiten betet. Luther spitzt in einer Predigt persönlich zu: Jesus betet für alle, «auch für dich und mich» (zit. nach Heymel 2007, 230f.).

Jesus liegt zuerst an der *Einheit* der Gemeinde. Sie gründet auf seinem Einssein mit dem Vater. Das ganze Kapitel zeigt: «Die

Einheit der Kirche besteht darin, dass alle Glieder der *communio sanctorum* (Gemeinschaft der Heiligen) an den einen Herrn glauben.» Sie «ist uns als Person Jesus Christus vorgegeben» (Mostert, 78). Wer an ihn glaubt, ist hineingenommen in die Lebenseinheit des Sohns mit dem Vater, die in sich schon eine vollendete Gemeinschaft bildet. In ihr sind Menschen nicht nur miteinander eins, sondern eins mit Gott. Das Zeugnis der Jünger an die künftig Glaubenden ist notwendig, damit «alle eins seien» (Joh 17,21), und zwar so, wie der Vater im Sohn ist und der Sohn im Vater. Dieses Liebesverhältnis, die wechselseitige Einheit von Vater und Sohn, die das Einssein der Glaubenden in beiden begründet, ist «das bleibende Zeugnis [...], das die Welt zum Glauben führen soll, dass Gott Jesus gesandt hat» (Thyen 2005, 699). Insofern bittet Jesus auch für die Welt, wenn er für seine Gemeinde bittet.

Von Anfang an gab es in der Kirche Konflikte und Streit. Die Bitte Jesu um Einheit macht bewusst, dass seine Kirche noch nicht vollendet ist. Die Zerrissenheit in viele Kirchen widerspricht der Vorstellung des johanneischen Jesus. Angesichts dessen bleibt festzuhalten: Die Einheit der Kirche ist zwar «vorgegeben», aber nie und nirgendwo, weder in Rom noch in Genf, herstellbar. Man kann sie nur glauben und bezeugen. Indem die Glaubenden Jesus Christus ihren Hohenpriester und Fürbitter sein lassen und selbst Fürbitte halten, geben sie ein deutliches Zeichen, dass die Einheit der Kirche allein auf *seinem* Werk gründet.

Jesus gibt den Glaubenden («ihnen»), das heisst allen, die zu ihm kommen, seine Herrlichkeit (Joh 17,22f.). Er macht sie schön, indem er das zerstörte Bild Gottes in ihnen wiederherstellt. Das setzt voraus, dass alle mit dem Heiligen Geist begabt werden (Joh 14,16f. 26). Geleitet vom Geist, sollen sie zur vollkommenen Einheit gelangen. Hier ist keine Rede davon, dass die Einheit der Gemeinde durch Organisationen, Institutionen und Dogmen hergestellt werden könnte. Sie hat allein in der Verbundenheit Jesu mit dem Vater ihren Grund. Die Gemeinde ist aber, wie Thyen gegenüber Bultmann meines Erachtens zu Recht betont, zum Zeugnis vor der Welt berufen. An ihrer «sichtbaren Praxis der Liebe zueinander soll [...] jeder erkennen, dass sie Jesu Jünger sind (13,34f.)» (Thyen 2005, 700).

Jesus will alle, die an ihn glauben, bei sich haben (Joh 17,24). «Ich will» sagt der Sohn zum Vater nur hier, «wo er nichts für sich, alles für die Seinigen will» (Walter Lüthi, zit. nach Heymel 2007, 232). Zuvor hat er im Blick auf seine Nachfolger gesagt: «Wo ich bin, da wird auch mein Diener sein. Wenn einer mir dient, wird der Vater ihn ehren» (Joh 12,26). Wie hier dem treuen Jünger, so wird im Abschiedsgebet allen Glaubenden Teilhabe am Sein und an der Würde des Sohnes zugesprochen (ähnlich 1Joh 3,1–3). Jesus will seinen ganzen «Anhang», den er sich erworben hat, dem Vater mitbringen. Er sehnt sich danach, aus dieser Welt zum Vater zu gehen. Wie an keiner anderen Stelle der Evangelien erklärt er hier «seinen königlichen Willen» (Schlatter, 329), uns zum letzten Ziel zu bringen, wo wir seine Herrlichkeit «schauen», in jene Sphäre des Erhöhten zur Rechten des Vaters, wo alle Glaubenden in einer geistigen Schau von Angesicht zu Angesicht erfahren, wer er in Wahrheit ist (vgl. Joh 1,14; 4,19): der ewig geliebte Sohn des Vaters.

Die abschliessende Bitte (Joh 17,25f.) nimmt das bereits eingeführte Verbum «erkennen» (*ginoskein*) wieder auf: Jesus bekräftigt, dass er den Vater kennt, den die Welt nicht kennt. Im Alten Testament bezeichnet «erkennen» auch das Einswerden von Mann und Frau (vgl. Gen 4,1.17). Insofern spricht Jesus im Gebet aus einer intimen Beziehung zum Vater und nimmt die Seinen in diese Liebesbeziehung des Vaters und des Sohnes hinein. Die Gemeinde der Glaubenden, die Jesus als den Gesandten erkannt hat, kennt durch ihn den Namen, mit dem Gott sich offenbart hat: «Ich bin da» (Ex 3,14 nach Martin Buber). Sie erhält auf diese Weise jetzt schon das ewige Leben, das in der Erkenntnis des Vaters als des einzig wahren Gottes und dessen, den er gesandt hat, besteht. Das Gebet mündet ein in die Bitte, dass die Liebe Gottes zu Jesus auch in den Jüngern sei. Diese Liebe war von Anfang an auf die durch Jesus zu rettende Menschheit gerichtet (Joh 3,16; 1Joh 4,9f.). Von dieser Welt- und Menschenliebe Gottes, so bittet Jesus, sollen seine Jünger bewegt sein, ja er selbst will auf diese Weise in und unter ihnen präsent sein.

13. Szenen der Passion (Joh 18–19)

Johannes bietet nicht wie Markus eine «Passionsgeschichte mit ausführlicher Einleitung» (Martin Kähler, zit. nach Thyen 2005, 545). Sein Evangelium ist «von Anfang an ein *Passionsevangelium* und allein als solches Zeugnis der Herrlichkeit Jesu» (Thyen 2005, 706), das heisst die Passion bestimmt prinzipiell und durchgängig seine Darstellung.

«Das ganze Johannesevangelium steht im Zeichen des Prozesses» (Söding, 97). Das gilt in doppeltem Sinn, von Gott und von der Welt her betrachtet. Gott konfrontiert die Welt mit seiner und ihrer Wahrheit. Er führt sie in die Krise durch den, dem er «das Richten übergeben» hat (Joh 5,22.27). Jesus, der in Person die Wahrheit verkörpert (Joh 14,6), konfrontiert die Welt mit der Realität des Bösen (Joh 3,19ff.). Das Gericht, das er in Gottes Namen vollzieht, dient dazu, die Welt zu retten, nicht sie zu verurteilen (Joh 3,17). In diesem Prozess Gottes dreht sich alles darum, dass der «Herrscher dieser Welt hinausgeworfen» wird (Joh 12,31). Der Paraklet deckt auf, was für ein Gericht Jesus auf der Welt gehalten hat (Joh 16,8–11). Die Welt ihrerseits macht Jesus den Prozess. Die religiösen Autoritäten wollen ihn beseitigen und benutzen dafür Pilatus als willigen Vollstrecker. Wie Johannes zeigt, stösst Jesus von Anfang an auf Kritik, weil er frei und offen von seiner Beziehung zu Gott spricht, weil er als «Gesandter» Gottes auftritt, und weil seine Gegner ablehnen, wie er sich auf Gott beruft. Aus der Sicht des Johannes ist es Jesu Erhöhung am Kreuz, die den Teufel vertreibt (Joh 12,28): Das scheinbar triumphierende Böse wird im Tod Jesu besiegt. Die Hohenpriester betreiben die Hinrichtung Jesu, weil sie etwas «für das Volk» (Joh 11,50) tun wollen – eine unfreiwillige Prophetie, denn Jesu Lebenshingabe bringt wirklich, über Israel hinaus, das Heil (Joh 11,51f.).

Im Prozess vor Pilatus «gewinnt der Prozess der Welt gegen Jesus seine Öffentlichkeit; er wird vor das Forum des Staates gebracht» (Bultmann 1941, 504). Johannes stellt ihn im Zusammenhang der Passionsgeschichte historisch plausibler dar als die Synoptiker. Der Prozess vor Pilatus steht bei ihm in der Mitte dieser Erzählung: Gefangennahme Jesu, Verhör bei Hannas und Kajafas, Verleugnung durch Petrus, Jesus vor Pilatus, Kreuzigung und Grablegung. Er ist literarisch als Drama in Dialogen mit Szenenwechseln gestaltet, dabei kommt es «zu einem dauernden Hin und Her zwischen dem Richter und den Anklägern, [das] beide Rollen scharf hervortreten lässt» (Söding, 98).

13.1 Die Gefangennahme Jesu (Joh 18,1–11)

Johannes stellt auf seine Weise die Getsemani-Szene dar, ohne den Ort so zu bezeichnen; die Kenntnis der synoptischen Berichte wird dabei vorausgesetzt. Jesus hält sich mit seinen Jüngern in einem «Garten» jenseits des Kidrontals auf, als eine römische Kohorte dort auftaucht, um ihn zu verhaften, begleitet von Dienern der Hohenpriester und Pharisäer. Judas als Ortskundiger ist an ihrer Spitze. Dass eine ganze Kohorte von 600 Soldaten oder eine kleinere Einheit von 200 Mann für die Festnahme eines Einzelnen aufmarschierte, ist kaum anzunehmen. Johannes übertreibt, um zu betonen, dass der Herrscher der Welt mit «seinen irdischen Repräsentanten keine Macht über Jesus hat» (Thyen 2005, 708). Souverän tritt Jesus der bewaffneten Schar entgegen. Als er sich zu erkennen gibt, weichen sie überwältigt zurück. Nur den Lesenden macht das zweimalige «Ich bin es» (Joh 18,6.8) seine wahre Identität deutlich. Der Erzähler erinnert an Jesu Wort, er habe *keinen* von denen verloren, die der Vater ihm gegeben habe, obwohl Judas dabeisteht. Dass Petrus nun ein Schwert zieht und einem der Angreifer, Malchus, ein Ohr abschlägt, kommt auch bei den Synoptikern vor. Dort fehlen allerdings die Namen Petrus und Malchus. Nur bei Johannes steht, dass Jesus von dem ihm bestimmten Weg nicht abweichen will.

13.2 Das Verhör bei Hannas und Kajafas und die Verleugnung durch Petrus (Joh 18,12–27)

Gefesselt, wie ein schon Verurteilter, wird Jesus zu Hannas geführt, dem Schwiegervater des amtierenden Hohenpriesters Kajafas. Obwohl Hannas bereits abgesetzt war, hatte er offenbar noch grossen Einfluss. Mit einem anderen Jünger, der ihm Zugang verschafft, folgt Petrus in den Hof des Anwesens. Was bereits griechische Kirchenväter vermuteten, ist von modernen Exegetinnen und Exegeten bekräftigt worden: Jener andere ist «der Jünger, den Jesus liebte». Während sein Meister verhört wird, verleugnet Petrus dreimal, ihn zu kennen, wobei sein: «Ich bin es nicht» (Joh 18,17.25) in deutlichem Kontrast zu Jesu «Ich bin es» steht. Beim Verhör vor Hannas weist Jesus auf die Öffentlichkeit seines Wirkens hin. Der Verdacht auf geheime, verräterische Pläne ist so entkräftet. Ein Diener schlägt ihn ins Gesicht, doch Jesus lässt sich nicht einschüchtern. Hannas äussert sich nicht, das Verhör endet ohne Ergebnis. Jesus wird gefesselt zu Kajafas geschickt.

13.3 Jesus vor Pilatus (Joh 18,28–19,16a)

Der Prozess wird in sieben Szenen im Wechsel zwischen Innen und Aussen dargestellt (vgl. Söding, 99). Diener der Pharisäer und Oberpriester, Vertreter der jüdischen Religionsbehörde, führen Jesus zum Amtssitz des römischen Statthalters, dem früheren Palast der Hasmonäer, den Herodes der Grosse hatte bauen lassen.

Als Juden betreten sie das Gebäude des Römers nicht, damit sie nicht kultisch unrein werden. Nur koscher dürfen sie am Passahmahl teilnehmen. Es ist der 14. Nisan, frühmorgens. Die führenden Vertreter der Juden werden dargestellt als Leute, die sich an die Vorschriften halten. Sie beachten nur die religiösen Regeln, das Recht ihres Gefangenen interessiert sie nicht. Ihr Urteil über Jesus steht schon fest. Auf die Frage, welche Anklage eigentlich erhoben wird, antworten sie nicht. Sie wissen, dass sie kein Recht haben, ihn zu töten. Das soll Pilatus ihnen abnehmen. Er soll Jesus anklagen und ihn verurteilen. Dem Statthalter Pilatus wäre es am liebsten, wenn die Juden Jesus nach ihrem Gesetz verurteilten (Joh 18,31). Da sie das ablehnen, *muss* er sich mit dem Fall beschäftigen.

Die Tatsache, dass sie ihn ausliefern, verrät ihm: Es muss sich um ein schweres Delikt handeln, das es rechtfertigt, die Todesstrafe zu vollstrecken. Dieses Urteil stand, wie Josephus berichtet (bell. II, 117), allein dem römischen Statthalter in Judäa zu. Er ruft also Jesus zum Verhör. Wie konnte er sich mit ihm verständigen? Wenn Jesus «dreisprachig» (Thiede 1998, 68) war, also Aramäisch, Hebräisch und Griechisch beherrschte, hat der Römer mit ihm wohl Griechisch gesprochen; andernfalls hätte er einen Dolmetscher gebraucht, da ihm die Muttersprache Jesu, Aramäisch, sicher nicht geläufig war.

Man muss annehmen, dass er über den Fall Jesus schon vorher informiert wurde. Seine Frage «Bist du der König der Juden?» (Joh 18,33) legt dies nahe. Er weiss, dass diesem Mann vorgeworfen wird, einen Aufstand gegen Rom anzuführen. Da Pilatus die römische Besatzungsmacht vertritt, darf er einen jüdischen König, der womöglich das Volk verführt, nicht dulden.

Jesus durchschaut, dass Pilatus sich nur auf Gerüchte, auf die «gefühlte Wahrheit» einer Gruppe stützt. Pilatus fragt: «Dein Volk und die Hohen Priester haben dich an mich ausgeliefert. Was hast du getan?» (Joh 18,35). Eine direkte Antwort erhält er nicht, nur eine rätselhafte Andeutung: «Mein Reich ist nicht von dieser Welt. Wäre mein Reich von dieser Welt, würden meine Diener dafür kämpfen, dass ich nicht an die Juden ausgeliefert werde» (Joh 18,36). Der Römer mag sich im Stillen fragen, was für ein Königreich Jesus meint. Ein Königreich, das «nicht von hier» ist? Also von einer fremden Macht stammt? Bewaffnete Leute hat der Angeklagte anscheinend nicht aufzubieten. Aber wer steckt hinter ihm? Pilatus fragt erneut: «Du bist also doch ein König?» (Joh 18,37). Die Antwort Jesu gibt ihm noch grössere Rätsel auf: «Du sagst es. Ich bin ein König. Dazu bin ich geboren und dazu bin ich in die Welt gekommen, dass ich für die Wahrheit Zeugnis ablege» (Joh 18,37).

Einer, der so redet, steht ausserhalb der Politik. «Wahrhaftigkeit ist nie zu den politischen Tugenden gerechnet worden» (Arendt, 74). Pilatus aber ist Politiker. Er hat ein Amt mit Machtbefugnissen und repräsentiert eine Weltmacht. So ein grosses Wort wie «Wahrheit» ist ihm nicht geheuer. Also reagiert er, indem er eine philosophische Frage stellt: «Was ist Wahrheit?» (Joh 18,38). Johannes, der diese Szene schildert, bietet aus der Sicht eines Schülers Jesu eine Deutung an. Hier geht es nicht um eine Wahrheit, über die man verschiedener Meinung sein kann. «Wer aus der Wahrheit ist, hört meine Stimme» (Joh 18,37). Auch umgekehrt gilt: nur wer gehorsam hört, ist aus der Wahrheit (vgl. Joh 10). Jesus spricht von Wahrhaftigkeit, von unbedingter Vertrauenswürdigkeit. Er spricht nicht bloss *über* sie, er lebt sie und drückt sie in seinem Leben aus.

Pilatus fragt «Was ist Wahrheit?» Dabei merkt er gar nicht, wen er vor sich hat. Er merkt nicht, dass er vor der *Wahrheit in Person* steht, vor einem König, der die Herrschaft nicht aus dieser Welt empfängt. Er steht vor dem, in dem der Höchste gegenwärtig ist. «Gott ist im Fleische: wer kann dies Geheimnis verstehen?» (Tersteegen, EG 41,4; RG 404,4).

Mit einem derart sonderbaren Menschen kann er nichts anfangen. Darum geht er nach draussen und sagt den wartenden Juden: «Ich finde keine Schuld an ihm» (Joh 18,38). Er hofft, sich ihrem

Druck entziehen zu können, indem er ihnen einen Gefangenen ihrer Wahl freigibt. Er will keine Verantwortung übernehmen.

Die Leute sollen entscheiden – und das tun sie. «Wollt ihr nun, dass ich euch den König der Juden freigebe?» (Joh 18,39b). «König der Juden» ist «ein politischer Begriff» (Schneider, 301), der in den Ohren der Menge wie Hohn klingt. Sie wählen nicht den, der als ihr König gilt, sondern einen Räuber, genauer gesagt: einen Aufrührer. «Barabbas!» (Joh 18,40) schreit die Menge. Nun lässt Pilatus den Unschuldigen im Prätorium geisseln. Nach römischem Recht hätte diese Strafe erst *nach* der Verurteilung erfolgen dürfen. Hier wird sie vollstreckt, *bevor* ein Todesurteil gesprochen wird.

Die römische Ledergeissel enthielt Knochen und Metallstücke. Damit wurde ein gefesselter Übeltäter so lange geschlagen, bis das Fleisch in blutigen Fetzen herabhing (vgl. Thyen 2005, 722). Dann treiben die Soldaten mit dem Geschundenen ihren Spott. Sie setzen ihm eine Dornenkrone auf, legen ihm einen purpurroten Mantel um und schlagen ihn ins Gesicht. Jetzt lässt Pilatus den blutig geschlagenen Mann wieder herausführen. Er sagt: «Seht, ich führe ihn zu euch hinaus, damit ihr erkennt, dass ich keine Schuld an ihm finde» (Joh 19,4). Das ist purer Zynismus: Die Menschen draussen bekommen einen blutig geschlagenen Jesus zu sehen, der grotesk verkleidet ist, ein Jammerbild von einem König. Pilatus stellt einen Gequälten zur Schau, eine Figur, auf die man mit Fingern zeigt und über die man sich lustig macht. Verächtlicher kann man mit einem Menschen nicht umgehen, als dass man ihn so blossstellt und vorführt. «Da ist der Mensch!» (Joh 19,5). Diese Karikatur eines Königs!

Wieder entzieht Pilatus sich der Verantwortung. Die Vertreter des Synhedriums fordern die Kreuzigung des Gefangenen. Pilatus reagiert sarkastisch: «Nehmt ihr ihn doch und kreuzigt ihn!» (Joh 19,6), wohl wissend, dass sie nicht dazu berechtigt sind, und erklärt, dass er keine Schuld an Jesus findet. Erst jetzt offenbaren die Hohenpriester den eigentlichen Grund ihrer Anklage: Blasphemie. «Wir haben ein Gesetz, und nach dem Gesetz muss er sterben, denn er hat sich zum Sohn Gottes gemacht» (Joh 19,7). Das konkrete Gebot der Thora, auf das sie sich berufen, droht denen, die den heiligen Namen Gottes lästern, die Todesstrafe durch Steinigung an (Lev 24,13.16). Bei Johannes sind es nur die Autoritäten, die seinen Tod verlangen, nicht das von ihnen überredete Volk (so bei Mk 15,11ff.; Mt 27,20ff.; Lk 23,13.21ff.).

Wie Johannes erzählt, habe Pilatus sich nun «noch mehr» (Joh 19,8) gefürchtet. So machtbewusst er erscheint, so sehr handelt er aus «Angst, die Macht zu verlieren» (Wengst II, 238). Wird Jesus ihm unheimlich? Wieder wechselt die Szene. Pilatus geht ins Prätorium und stellt Jesus, der unterdessen wieder hineingeführt wurde, eine typisch johanneische Frage: «Woher bist du?» (Joh 19,9; vgl. 3,3ff.; 8,23 u. ö.). Jesus antwortet nicht, er wahrt das Geheimnis seiner Herkunft. Als Pilatus unverhüllt mit seiner Macht droht, hält Jesus, als wäre *er* in diesem Prozess der wahre Richter, ihm entgegen: «Du hättest keine Macht über mich, wenn es dir nicht von oben gegeben wäre» (Joh 19,11). Für jede Leserin des Evangeliums ist «von oben» ein Hinweis auf das Woher Jesu, für Pilatus dürfte es auf den Caesar in Rom verweisen.

Jetzt erst strebt Pilatus danach, Jesus freizulassen oder loszuwerden (beide Übersetzungen von *apolýein* sind möglich). Aber draussen setzen «die Juden» ihn «mit einer Denunziation beim Caesar» (Thyen 2005, 728; vgl. Schneider, 307) unter Druck. Die Drohung wirkt. Pilatus lässt Jesus hinausführen und setzt sich auf den Richterstuhl. Johannes hält Ort und Zeit der Szene fest: sie ereignet sich auf dem mit Steinpflaster oder Mosaikboden belegten Platz vor dem ehemaligen Herodespalast zwischen 11 und 12 Uhr vormittags. Statt ein Urteil zu sprechen, präsentiert er Jesus den Anklägern ironisch mit den Worten: «Da ist euer König!» (Joh 19,14b). Unwissend bezeugt er damit die Wahrheit: «Dieser geschundene Mensch, der gekreuzigt wird, ist in der Tat der wahre König» (Wengst II, 245). Doch die Ankläger schreien erneut: «Kreuzige ihn!» (Joh 19,15). Seine höhnische Gegenfrage, ob er wirklich ihren König kreuzigen soll, wird von den Hohenpriestern mit einem «fragwürdigen Loyalitätsbekenntnis» (Thyen 2005, 730) zum Kaiser zurückgewiesen: «Wir haben keinen König ausser dem Kaiser!» (Joh 19,15). Sie bekunden damit ihre politische Loyalität. Deswegen pauschal über «das Judentum» zu urteilen, es sage dem Glauben an Gottes alleiniges Königtum ab, ist abwegig. Dass Pilatus Jesus dann tatsächlich schuldig spricht, wird nicht berichtet. Indem er Jesus zur Exekution ausliefert, kapituliert er vor der Drohung der Hohenpriester und erfüllt den Wunsch der Volksmenge.

13.4 Die Kreuzigung (Joh 19,16b-37)

Auch dieser Akt des Dramas gliedert sich wie der Prozess vor Pilatus in sieben Szenen (Söding, 103). Der erste Vers lautet: «Sie übernahmen nun Jesus» (Joh 19,16b). Wer «sie» sind, die Jesus übernehmen, bleibt in der Schwebe. Jesus trägt selbst sein Kreuz, das heisst wohl den Querbalken, zur Hinrichtungsstätte ausserhalb Jerusalems. Damit betont Johannes das Beispiel seiner Hingabe für seine Nachfolger (vgl. Joh 13,15) und unterstreicht, dass Jesus bis zuletzt der Handelnde bleibt (anders Mk 15,22). Er wird zusammen mit zwei anderen Männern gekreuzigt. Die auf Befehl des Pilatus angebrachte Kreuzesinschrift gibt in den drei wichtigen Sprachen der Zeit Namen und «Verbrechen» des Verurteilten an: «Jesus von Nazaret, König der Juden» (Joh 19,19). Alle, die auf der Strasse zur Stadt vorbeikamen, Bewohner und Festbesucher, können die Inschrift lesen. Der Einspruch der Hohenpriester, die Inschrift müsse lauten, dass Jesus gesagt habe: «Ich bin der König der Juden» (Joh 19,21), bleibt erfolglos: Pilatus beharrt auf dem, was er geschrieben hat, und wird so ironischerweise nochmals unwissend zum Zeugen der Wahrheit Jesu.

Eine weitere Szene schildert die Verteilung der Kleider Jesu. Vier Soldaten verteilen untereinander seine Obergewänder. Um das kostbare Untergewand, das nahtlos in einem Stück gewebt ist, losen sie. Der Evangelist sieht darin ein Schriftwort (Ps 22,19 LXX) erfüllt. Seit den Kirchenvätern sehen viele Kommentatoren darin ausserdem einen Hinweis auf das aus einem Stück gewebte Gewand des Hohenpriesters (Josephus, ant. III, 161).

Alle Evangelien berichten von den Frauen, die Jesus von Galiläa an nachgefolgt sind und von fern das Geschehen auf Golgota beobachten. Nur Johannes erzählt, dass vier namentlich genannte Frauen direkt unter dem Kreuz stehen. Auffällig ist, dass er an erster Stelle die Mutter Jesu erwähnt, die in den synoptischen Texten nicht vorkommt. Ebenso überraschend ist die Gegenwart des Lieblingsjüngers unter dem Kreuz, weil kein anderes Evangelium davon weiss, dass einer der Zwölf bei der Kreuzigung dabei war. Jesus sorgt für seine Mutter, die als Witwe auf Unterstützung angewiesen ist, indem er sie seinem geliebten Jünger anvertraut. Die Szene ist symbolisch zu verstehen: Jesus macht Maria «zur Mittlerin zwischen der alten und der neuen Familie Gottes»; in ihr ist «das messianische Volk Israel wahrzunehmen» (Thyen 2005, 739). Maria und der Jünger Johannes ergänzen einander als Vorbilder der Jüngerschaft, auf die alle Gläubigen angewiesen bleiben.

In der Sterbeszene hebt der Erzähler die Gewissheit Jesu hervor, dass schon alles vollbracht (*tetélestai*) und dadurch die Schrift erfüllt worden ist. Der Gekreuzigte hat starken Durst, der mit Essig gestillt wird. «Als Jesus nun den Essig genommen hatte, sprach er: Es ist vollbracht. Und er neigte das Haupt und verschied» (Joh 19,30). Das sind im Johannesevangelium die letzten Worte Jesu. Söding hat sie folgendermassen interpretiert: «Am Kreuz vollendet sich das gesamte ‹Werk› Gottes (4,34), das Jesus von seinem Vater übertragen worden ist (5,36)» (Söding, 107). Dieses «Werk» kommt hier zu seinem Ziel (*telos*). In der Kreuzigung wird offenbar, was Gott aus Liebe zur Welt (Joh 3,16) erleidet und wie Jesus seine Liebe zu den Seinen (Joh 13,1) realisiert. Auch in den Gesten des Sterbens bleibt er noch souverän. Der Menschensohn, der keinen Ort zum Ausruhen hat (Mt 8,20; Lk 9,58), findet am Kreuz den Ort, an dem er sein Haupt niederlegen kann. Danach heisst es wörtlich: «Er gab den Geist hin», eine Wendung, die noch das Sterben als seine Tat bezeichnet und die Lesenden daran erinnert, dass der verheissene Geist erst in der Stunde der Verherrlichung Jesu in die Welt kommen (Joh 7,39) und die Seinen in alle Wahrheit führen soll (Joh 16,13).

Johannes deutet den Tod Jesu im Horizont der alttestamentlichen Schrift. Der leidende Gerechte bekommt Essig zu trinken (Ps 69,22). Zur Todesstunde im Tempel werden die Passahlämmer geschlachtet, denen man keinen Knochen zerbrechen darf (Ex 12,46; Ps 34,21). Im Rahmen des Passafestes erkennt Johannes, dass am Kreuz das wahre Passahlamm stirbt. Gewöhnlich zerbrachen Soldaten den Gehenkten die Schenkel, um ihren Tod zu beschleunigen; bei Jesus geschah das jedoch laut der

Erzählung nicht, da er schon gestorben war (vgl. Joh 19,33). Ein Soldat sticht seine Lanze in die Seite des Toten. Johannes deutet auch dies im Licht der Prophetie, die ankündigt, dass die Bewohner Jerusalems «auf den blicken, den sie durchbohrt haben» (Sach 12,10 LXX). Nach dem hebräischen Text spricht hier Gott selbst: «Sie werden auf *mich* schauen.» Der im gekreuzigten Sohn Durchbohrte ist also der Gott Israels. Dafür, dass aus der Seitenwunde Blut und Wasser fliessen, beruft der Evangelist sich auf einen Augenzeugen. Es liegt nahe, dabei an den Lieblingsjünger zu denken. Sein Zeugnis ist wichtig, da hier zugleich Jesu Verheissung vom Laubhüttenfest (Joh 7,38) und prophetische Verheissungen (Sach 13,1; 14,8) sich erfüllen.

Das Begräbnis (Joh 19,38–42): Josef von Arimatäa, bei Markus und Lukas ein angesehener Ratsherr, ist nach Matthäus zum Jünger Jesu geworden (Mt 27,57). Johannes fügt hinzu, dass Josef aus Furcht vor «den Juden» seine Jüngerschaft geheim hielt. Dieser heimliche Jünger bittet den römischen Statthalter, den Leichnam Jesu für das Begräbnis freizugeben. Daran ist auch Nikodemus beteiligt, auch er ein heimlicher Jünger, der jetzt zum dritten Mal im Evangelium erwähnt wird (vgl. Joh 3,1ff.; 7,45ff.). Er bringt zur Salbung des Leichnams eine kostbare Mischung von Myrrhe und Aloe mit. Die Menge des Salböls, etwa 100 Pfund oder 33 kg, und das neue Grab im Garten deuten «darauf hin, dass hier tatsächlich der ‹König der Juden› bestattet wird, und dass Joseph und Nikodemus hier stellvertretend für ‹alle Bewohner Jerusalems› um den [Durchbohrten] trauern» (Thyen 2005, 754). Sie wickeln den Leichnam «zusammen mit den wohlriechenden Salben in Leinenbinden ein» (Joh 19,40). Nach jüdischer Sitte gehört zur Bestattung auch die rituelle Waschung des Toten, was Johannes sicher wusste. Er erzählt jedoch nur das

Aussergewöhnliche: der messianische König wird zur rechten Zeit, vor der Nacht des Passahmahls und dem ersten Passahtag (der auf einen Sabbat fiel), gesalbt und so bestattet, dass das Aroma des Salböls das ganze Grab erfüllt haben muss.

14. Szenen der Auferstehung (Joh 20–21)

Johannes entfaltet seine Osterbotschaft in Szenen, die vor allem von Erscheinungen des Auferstandenen an verschiedenen Schauplätzen handeln. Alle ereignen sich in Jerusalem. Anders als die Synoptiker berichtet er zunächst in Kapitel 20 nichts von Erscheinungen in Galiläa; erst im Nachtrag findet ein Ortswechsel statt.

Auffindung des leeren Grabs (Joh 20,1–10): Die Auffindung des leeren Grabs ist der letzte Akt der dramatischen Historie Jesu. «Am ersten Tag der Woche», das heisst in der Morgendämmerung des «dritten» Tags nach dem Karfreitag kommt zuerst Maria aus Magdala zum Grab. Wie die Braut des Hohenlieds sucht sie den, den ihre Seele liebt (Hld 3,1). Sie vertritt hier die Frauen, die an diesem Morgen das Grab besuchen (Mk 16,1ff.). Sie findet das Grab leer, der Stein, der es verschloss, ist weggerückt. Maria läuft zu Petrus und dem Lieblingsjünger und klagt: Man hat ihr den Herrn aus dem Grab geraubt! Auffällig ist, dass sie in der Mehrzahl fortfährt: «Wir wissen nicht, wo sie ihn hingelegt haben» (Joh 20,2). Petrus und der Lieblingsjünger machen daraufhin einen Wettlauf zum Grab, der geliebte Jünger erreicht zuerst die Grabstätte. Wer er ist, verrät der Evangelist erst am Ende seines Werkes (Joh 21,24). Der Lieblingsjünger schaut in das Grab, sieht darin die Leinenbinden liegen, geht aber nicht hinein, sondern überlässt Petrus den Vortritt. Dieser geht hinein und sieht auch das Schweisstuch Jesu. Erst dann geht auch der andere Jünger hinein; «er sah, und darum glaubte er» (Joh 20,8). Das wird nur über ihn, nicht über Petrus gesagt, der wohl ebenso verwundert und ratlos wie Maria dasteht.

14.1 Erscheinung vor Maria aus Magdala (Joh 20,11–18)

Maria ist wieder zum Grab zurückgekehrt. Als sie weinend hineinschaut, sieht sie zwei weissgekleidete Engel dort sitzen, wo der Leichnam Jesu gelegen hat. Gefragt, warum sie weint, wiederholt sie die Antwort, die sie zuvor den beiden Jüngern gegeben hat. Sie wendet sich um und sieht draussen eine Gestalt stehen, ohne zu erkennen, dass es Jesus ist. Jesus fragt sie mit den gleichen Worten wie die Engel und fügt hinzu: «Wen suchst du?» (Joh 20,15). Maria, die ihn durch ihre Tränen vielleicht nur undeutlich sieht (JANT, 194), hält ihn für den Gärtner (ein altes Bild für Gott: Gen 2,8ff.). Sie bittet ihn, den Leichnam herauszugeben, falls er ihn weggetragen habe. Unbewusst ist sie nah an der Wahrheit: Jesus ist tatsächlich der Herr des Gartens (vgl. Joh 18,1; 19,41) und in gewisser Weise «auch der, der den Toten weggeschafft hat. Sein Garten ist der Ort des Lebens» (Thyen 2005, 762).

Da spricht er sie mit ihrem Namen an, und daran erkennt sie ihn. «Maria (*Márjam*)!» Und sie dreht sich um und antwortet: «*Rabbuni* (wörtlich: mein Lehrer)!» Zwei Worte in der gemeinsamen Muttersprache sind es, in denen die Begegnung ganz lebendig wird. In ihrem Namen hört Maria die Liebe heraus, «die sie zum Leben geweckt hat» (Grün, 579). Jesus ist für sie der Meister, sie die Schülerin, die ihm ihr Leben verdankt. Johannes erzählt, dass Maria sich zwei Mal zu Jesus wendet. Dies ist nicht körperlich, sondern symbolisch zu verstehen: Die Begegnung mit dem Auferstandenen erfordert völlige Umkehr. Einige alte Handschriften ergänzen, Maria sei zu Jesus gelaufen, um ihn anzurühren (vgl. Schneider, 320). Es liegt nahe, dies anzunehmen, da die Szene auf dem Hintergrund des Hohenlieds (Hld 3,1–4) gestaltet ist. Ob nun Maria Jesus schon berührt hat oder ob sie im Begriff ist, es zu tun, er sagt zu ihr: «Halte mich nicht fest!» (Joh 20,17). Die Zürcher Bibel übersetzt: «Fass mich nicht an!» Aber das sagt zu wenig. Maria soll ihn auf dem Weg zum Vater nicht aufhalten. Jesus beauftragt sie, den Jüngern («meinen Brüdern») seinen Heimgang zum Vater mitzuteilen. Indem sie diesen Auftrag erfüllt und zu den Jüngern sagt: «Ich habe den Herrn gesehen» (Joh 20,18), wird sie zur ersten Zeugin des Auferstandenen.

14.2 Erscheinung vor den Jüngern (Joh 20,19–23)

Am Abend jenes Tages tritt Jesus in den verschlossenen Raum, in den die Jünger sich aus Furcht vor «den Juden» zurückgezogen haben. Plötzlich ist er mitten unter ihnen. Er grüsst sie mit dem Friedensgruss «Friede sei mit euch!», mit dem er sich von ihnen verabschiedet hat (Joh 14,27; 16,33), und zeigt ihnen seine Wundmale. Der auferstandene Jesus kommt nicht als Sieger ohne Wunden; er bleibt «als Verwundeter gekennzeichnet» (Wengst II, 291). Die Jünger freuen sich, weil sie ihn daran als ihren Herrn erkennen. Als seine Apostel werden sie von ihm in die Welt gesandt. «Und nachdem er dies gesagt hatte, hauchte er sie an, und er sagt zu ihnen: Heiligen Geist sollt ihr empfangen! Wem immer ihr die Sünden vergebt, dem sind sie vergeben; wem ihr sie festhaltet, dem sind sie festgehalten» (Joh 20,22). Wie Gott beim Schöpfungsakt Adam seinen Lebensatem einhauchte (Gen 2,7), so haucht Jesus den Jüngern den Heiligen Geist ein. Dadurch erneuert er ihr Leben (vgl. Joh 3,5) und bevollmächtigt sie, Sünden zu vergeben oder die Vergebung zu verweigern.

Dass der auferstandene Jesus hier körperlich und berührbar erscheint, können viele Menschen heute nicht mehr glauben, weil die Vorstellung einem überholten mythologischen, unwissenschaftlichen Weltbild verhaftet zu sein scheint. Johannes und die Lehrer der alten Kirche waren jedoch von der Realität des spirituellen Körpers überzeugt. Berichte von Menschen, die Nahtoderfahrungen ausserhalb des physischen Körpers gemacht haben, deuten darauf hin, dass sie «in einer anderen Art von Körper lebten» (Sanford 1998, 197). Wie solche Berichte weisen auch die Ostererzählungen des Johannes auf eine körperliche Realität besonderer Art hin, die von den Beteiligten als tief berührend wahrgenommen wird.

14.3 Erscheinung vor Thomas (Joh 20,24–29)

Thomas hat nicht mit den anderen Jüngern die Erfahrung der körperlichen Anwesenheit des Auferstandenen gemacht. Er hört von ihnen: «Wir haben den Herrn gesehen» (Joh 20,25). Doch er zweifelt daran, dass ihnen wirklich Jesus erschienen ist. Er möchte seine eigene Erfahrung machen, mit eigenen Augen die Wunden sehen und mit eigenen Händen fühlen, dass Jesus lebt. Als er am folgenden Sonntag mit den anderen zusammen ist, tritt Jesus wieder in ihre Mitte und erlaubt ihm, ihn anzufassen und durch eigene Erfahrung zum Glauben zu kommen. Darauf antwortet Thomas mit dem Bekenntnis: «Mein Herr und mein Gott!» (Joh 20,28). Jesus schliesst den Zweifel nicht aus, sondern behebt ihn. Es ist menschlich zu zweifeln, solange man nicht erfahren hat.

Wer Thomas als «ungläubig» abstempelt, tut ihm unrecht. Sein Fehler ist, dass er «etwas zur Bedingung seines Glaubens macht», denn so verschliesst er sich selbst «die Möglichkeit, den Auferstandenen zu sehen» (Steiger 1978, 77f.). Er sieht ihn erst, als Jesus erneut die Abgeschlossenheit der Jünger durchbricht. Anders als viele moderne «Zweifler», die den Raum, in dem Jesus ihnen real begegnen könnte, gar nicht erst betreten, bleibt Thomas nicht abseits. Er möchte seinem Herrn nahe sein, an der Erfahrung der anderen Jünger teilhaben. Als er die Wunden Jesu sieht und fühlt, zeigt er sich selbst berührbar und verwundbar.

14.4 Erscheinung am See von Tiberias (Joh 21,1–14)

In Kapitel 21 nimmt der Erzähler Ostertraditionen auf, die von Erscheinungen des Auferstandenen in Galiläa berichten, und schreibt die Petrusgeschichte weiter (vgl. Söding, 119). Seine Erzählung erinnert an die Speisung der Fünftausend (Joh 6) und variiert die Erzählung vom Fischzug des Petrus (Lk 5,1–11), nach der die Fischer auf Geheiss von Jesus nochmals ausfuhren und grosse Mengen Fische fingen. Daraufhin folgten Petrus und seine Gefährten Jesus nach. Johannes versetzt so die Leserin, den Leser nach Galiläa, «für Johannes der Ort des Glaubens und seiner Bewährung im Alltag» (Thyen 2005, 778).

Am Geschehen beteiligt sind Petrus und Thomas, Natanael aus Kana, die beiden Söhne von Zebedäus, Jakobus und Johannes, und zwei andere, die Jünger des Täufers waren. Einer von ihnen ist Andreas, der andere ist wohl jener, den Jesus liebte. Die Zebedäus-Söhne gehören zum Fischzug des Petrus (Lk 5,10), die übrigen Jünger – ausser Thomas, der seinen eigenen Weg geht – sind von der Berufung am Anfang des Evangeliums her (Joh 1,35–51) bekannt.

Petrus geht mit den anderen fischen. Die ganze Nacht fangen sie nichts, bis sie am Morgen auf Jesu Weisung hin einen über die Massen guten Fang machen. Hier wiederholt sich der Fischzug des Petrus, wie Lukas ihn schildert. In der Erzählung von Lukas drohen die Netze jedoch zu reissen, während das bei Johannes nicht der Fall ist (Joh 21,11). Einerseits wird der Vorrang des Petrus betont (vgl. Söding, 120): Alle Jünger gehen «mit ihm»; als er Jesus erkennt, springt er ins Wasser, um als erster bei ihm zu sein (Joh 21,7); Jesus fordert alle Jünger auf, Fische herbeizubringen, doch es ist Petrus, der geht, um das Netz mit den Fischen an Land zu ziehen (Joh 21,10f.). Andererseits sieht zuerst der Lieblingsjünger Jesus. Er sagt: «Es ist der Herr» (Joh 21,7), und teilt das Petrus mit.

Wie die Speisung der Fünftausend erbringt auch der Fischzug wunderbaren Überfluss. Blieb bei den Fünftausend vom Fisch nichts übrig (Joh 6,13), so kommt hier eine Fülle von 153 Fischen zu dem hinzu, was bei Jesus schon bereit liegt: Fisch und Brot. Mehrere Deutungen bieten sich für diese geheimnisvolle Zahl an. Fische symbolisieren die Menschen, die Jesus und seine Jünger für den Glauben gewinnen (Lk 5,4–11). Symbolisiert 153 «die ‹Vollzahl› der Jünger in der einen Kirche» (Wilckens, 324)? Oder erschliesst sich ihr Sinn im Licht der Prophetie Israels? Nach Ezechiels Vision vom Lebensstrom, der aus dem Tempel fliesst, findet ein reicher Fischfang zwischen den Orten En-Gedi und En-Eglajim statt. «Und es wird geschehen, dass Fischer an ihm stehen von En-Gedi bis En-Eglajim; es wird ein einziger Trockenplatz für Schleppnetze sein. Aller Art werden seine Fische sein, wie die Fische des grossen Meeres, überaus zahlreich» (Ez 47,10). Der Zahlenwert des Namens «Gedi» ist 17, der des Namens «Eglajim» 153. Der Evangelist könnte mit dieser Zahl auf den Zusammenhang bei Ezechiel hinweisen: Das dort verheissene heilvolle Geschehen findet durch Jesus Erfüllung (vgl. Thyen 2005, 785). Auch möglich ist, dass die Zahl auf das dritte Mal, an dem der Auferstandene sich offenbart (Joh 21,14), hinweist: 12x12 + 3x3. Steiger hat mithilfe der Buchstabenrechnung eine tiefsinnige Erklärung gefunden:

> «153 = 17 mal 3 mal 3. Was soll die Zahl 17? *Brot des Lebens* (*artos tēs zoēs*) hat den Zahlenwert 1 (Alpha = 1) und 7 (Zeta = 7). 10 hat den Zahlenwert von Iota. Also vielleicht: *Fisch des Lebens* (*ichthys tēs zoēs*)?» (Steiger 1978, 71).

Alles ist in dieser Szene bedeutsam, auch der eine Fisch, der schon auf dem Feuer liegt und durch den Fischzug wunderbar vermehrt wird. Also wäre zu rechnen: 153 plus 1 = 154. Der 154. Fisch ist ein Hinweis auf Jesus selbst, denn *ichthys* steht im Urchristentum für: *Iesous Christos Theou Hyios Soter* = Jesus Christus, Gottes Sohn, (ist der) Retter. Das gemeinsame Mahl mit ihm ist eine österliche Wiederholung des letzten Mahls Jesu mit seinen Jüngern.

14.5 Petrus und der Lieblingsjünger (Joh 21,15–23)

Der Dialog zwischen Jesus und Petrus findet am Kohlefeuer statt, ein Hinweis auf den Ort, an dem Petrus seinen Herrn dreimal verleugnete (Joh 18,18). Jetzt aber handelt der Verleugnete als Therapeut. Er «macht mit Petrus Trauerarbeit: positive Wiederholung gegen den Wiederholungszwang der Schuld» (Steiger 1978, 72). Als Petrus Jesus verleugnete, hat er sich selbst verleugnet; zwei Mal antwortete er auf die Frage, ob er ein Jünger Jesu sei: «Ich bin es nicht» (Joh 18,17.25).

> Jetzt darf er «seine dreimalige Verleugnung abarbeiten. Das ist reale Vergebung, die so verfährt. Nicht sagen, dass alles nun vergessen sei, sondern die tödliche Erinnerung durchgehen und die wunden Punkte heilen, Schritt für Schritt, Satz für Satz, Medizin tropfenweise, mit Zählen, Wiedergutmachung von Tränen» (ebd.).

Dreimal fragt Jesus: «Hast du mich lieb?» (Joh 21,17), drei Mal antwortet Petrus und bekennt seine Liebe zu Jesus, drei Mal wird er als Hirte der Herde Christi eingesetzt. So führt das heilsame Gespräch weiter, nämlich dahin, dass Petrus neu berufen wird, die Herde im Sinn Jesu zu weiden. Er wird, so prophezeit es ihm Jesus, seine Liebe durch das Martyrium bewähren (Joh 21,18f.). Was aus dem Lieblingsjünger wird, sagt Jesus ihm nicht. Er bekräftigt nur: «Folge mir!» (Joh 21,19.22). Der andere Jünger, der Petrus in kritischen Situationen begleitete, im Hof des Kajafas und am Grab Jesu, wird einen anderen Weg gehen. Jesus sagt: «Wenn ich will, dass er bleibt, bis ich komme, was kümmert es dich?» Ob jener andere lebt oder stirbt, er soll jedenfalls bleiben und alles aufschreiben.

15. Schlussworte (Joh 20,30f, 21,24f.)

Der Epilog (Joh 20,30-31) und der zweite Epilog (Joh 21,24-25) rahmen den Schlussteil des Evangeliums. Bei dieser Lesart wird angenommen, dass Kapitel 21 kein sekundärer Anhang, sondern ein ursprünglicher Teil und unentbehrlicher Interpretationsschlüssel des Evangeliums ist, der mit dem Prolog korrespondiert (vgl. Thyen 2005, 4; 772). Johannes weist auf «viele andere Zeichen» (Joh 20,30) hin, die Jesus vor seinen Jüngern getan habe. Sie seien aber nicht in seinem Evangelium aufgeschrieben. Damit gibt er seinen Lesenden zu verstehen, dass er nicht von allen Wundertaten Jesu berichtet und es andere Bücher gibt, das heisst die synoptischen Evangelien, die weitere Zeichen überliefert haben. Sein Evangelium will die Adressaten dazu bewegen, zum Glauben an Jesus als messianischen Gottessohn zu kommen oder an ihm festzuhalten. Er setzt voraus und entfaltet in Kapitel 1–20, dass sie in solchem Glauben *das Leben* haben werden.

Erst am Schluss des Evangeliums wird die Leserin, der Leser über die Rolle der literarischen Figur des von Jesus geliebten Jüngers aufgeklärt. Er habe «dies alles» bezeugt und aufgeschrieben. Der reale Evangelist präsentiert ihn als eigentlichen Autor, als fiktionalen «Evangelisten im Evangelium» (Thyen 2005, 794). Mit dem Plural «wir wissen» bekennt er den Glauben, in dem er sich mit seinem Leser, seiner Leserin eins weiss: «Und wir wissen, dass sein Zeugnis glaubwürdig ist» (Joh 21,24b). Der Evangelist tritt damit hinter die Figur des Lieblingsjüngers zurück. Dass dieser «nur» eine literarische Fiktion und keine reale Person sei, wie Hartwig Thyen annimmt, lässt sich nicht beweisen.

Johannes bekräftigt noch einmal, dass Jesus mehr getan habe als das, wovon er in seinem Evangelium erzählt. Er bedient sich des rhetorischen Stilmittels der Hyperbel, um die Bedeutungsfülle dessen, was Jesus getan hat, auszudrücken: «Die ganze Welt» könnte «die Bücher nicht fassen, die dann zu schreiben wären» (Joh 21,25). Damit ist mehr gesagt als: Es «werden viele Bücher gemacht, ohne Ende» (Pred 12,12). Keine Bibliothek genügt, um *alles* aufzunehmen, was man über Jesus aufschreiben kann. Die rhetorische Übertreibung bedeutet nicht, dass man in Wirklichkeit mit weniger auskäme, sie weist vielmehr ins Unendliche: wir werden mit der Geschichte Jesu Christi nie fertig. Denn das Leben, das in ihm erscheint, geht weit hinaus über das, was man aufschreiben kann. Wer durch das Zeugnis der Schrift mit ihm in Berührung kommt, bleibt angewiesen auf den Heiligen Geist: «Der wird euch alles lehren und euch an alles erinnern, was ich euch gesagt habe» (Joh 14,26).

Zusammenfassung

1. Wie man das Johannesevangelium lesen kann

Dieses Evangelium erschliesst sich, wie ich selbst probiert und erfahren habe, in seiner Tiefe und Bedeutungsfülle durch *fortlaufende Lektüre*. Es arbeitet mit Leitworten, Sprachbildern, wiederholten Wendungen, Querverweisen und Anspielungen, die seine Leserinnen und Leser darauf aufmerksam machen, dass sie es hier mit hochreflektierten literarisch-poetischen Texten zu tun haben, die in ihrem Zusammenhang verstanden sein wollen. Gewiss, man kann sich zunächst auch mit ausgewählten Abschnitten beschäftigen und muss nicht mit dem Anfang anfangen. Doch wer irgendwo in die fremde Textwelt des Johannes eintritt, sich von ihrem Reiz einnehmen, allmählich tiefer in sie hineinziehen und «verweben» lässt – der geschriebene Text ist ja immer ein Gewebe (lat. *textum*) aus Zeichen und Sinnbezügen –, wird mehr und mehr erkennen, dass die 21 Kapitel des vierten Evangeliums am besten von Anfang bis Ende gelesen und verstanden werden.

Mehr als für die synoptischen Evangelien gilt für Johannes: Sein Evangelium ist kein objektiver historischer Tatsachenbericht, sondern verfolgt mit seiner Darstellung eine Verkündigungsabsicht. Es erzählt die Biografie des Juden Jesus von Nazaret, indem es vom ersten bis zum letzten Vers seine «Einheit als des ‹Sohnes› mit seinem himmlischen Vater zu erweisen [sucht]» (Thyen 2005, 564). Sein Spitzensatz lautet: Das ewige Wort ist

Fleisch geworden. Das bedeutet auch: es ist menschliches, wirkliches Wort in menschlicher Sprache geworden. Es ist selber «als ein Mensch da, der spricht» (Ringleben, 88). In den Reden des Menschen Jesus beansprucht das vierte Evangelium nichts Geringeres, als Gott selbst vernehmbar zu machen. Dieser Mensch, der auf einzigartige Weise «bei Gott» (Joh 1,1.18) war, soll als «Exeget Gottes» hörbar und sichtbar werden, der in seinen Reden, aber auch in seinen Zeichenhandlungen «den unsichtbaren Vater für uns ‹ausgelegt› hat» (Ringleben, 143). Wer mich hört, sagt er, vernimmt Gott (nach Joh 8,47; vgl. 5,24).

Alles liegt Johannes nun daran, dass die, die sein Evangelium lesen und hören, die Stimme des Gottessohnes und seine «Worte des ewigen Lebens» (Joh 6,68b) vernehmen. Denn wer immer sein Wort hört, hört wahrhaft Jesus Christus und in ihm Gott, den Vater, der ihn gesandt hat. Darin gelangt das Evangelium zu seinem erklärten Ziel. Es zielt darauf ab, dass seine Leser und Hörerinnen durch den Glauben das Leben haben in Jesu Namen (Joh 20,31). «‹Glauben› heisst, in den *logoi* Jesu den, der ihn gesandt hat, zu vernehmen und, indem man an Jesus und sein Wort glaubt, Gott zu glauben» (Ringleben, 531; vgl. Joh 5,24–26; 17,3). Johannes gibt also seinen Lesenden deutlich vor, wie sein Evangelium zu verstehen ist. Was bedeutet es, diesen immanenten Vorgaben heute zu folgen?

Luther unterschied kategorisch zwei Haltungen, die Menschen der biblisch-christlichen Tradition gegenüber einnehmen können: einerseits «Historien» von Christus wissen und nachsprechen, andererseits glauben, das heisst im Herzen fassen, dass darin ein für allemal über mein Heil und Leben entschieden ist. Auch nach der Aufklärung gilt: Glauben geht über historisches Bescheidwissen hinaus; es heisst, darauf vertrauen, «dass Christus *pro nobis*, das heisst *für uns* persönlich geboren wurde und für uns das Werk des Heils vollbracht hat» (McGrath, 517). Dem entsprechen zwei Arten des Lesens, die den biblischen Text entweder als sachliche Information oder als Anrede und göttliche Mitteilung nehmen.

Man kann das vierte Evangelium in *historischer* Perspektive als ein Stück frühchristlicher Literatur neben den synoptischen und ausserkanonischen Evangelien lesen und seine Theologie, seine Eschatologie und seine Christologie zu erfassen suchen. Dabei bleibt es von mir als der oder dem heute Lesenden abständig; ich betrachte seine Textwelt von aussen, verstehe aber nicht mich selbst in ihr. Man kann Johannes aber auch in *existenzieller* Perspektive lesen, indem man bestimmte Worte, Szenen und Bilder meditiert und tiefenpsychologisch zu verstehen sucht. Dann vertieft man sich in seine Textwelt, liest sich in sie hinein, um darin seinen Ort als Leser oder Leserin zu finden, und erkennt in seinen Figuren typische Verhaltensweisen und innere Konflikte wieder.

Beide Lesarten ergänzen einander, wenn die erste dazu verhilft, die eigene Beziehung zum Johannesevangelium zu klären, und die zweite sich der historisch-kritischen Bibelexegese nicht von vornherein verschliesst. Ein komplementäres Verhältnis beider besteht dort, wo die Lektüre auf eine persönliche Begegnung mit dem Anspruch der biblischen Texte ausgerichtet ist und diesen nicht zu einer allein zeitbedingten Annahme relativiert.

Die Situation der Gemeinschaft, für die Johannes schrieb, ist nicht die unsere. Seine Polemik gegen «die Juden» hat ihre ursprüngliche Bedeutung verloren. Heute tritt anstelle des Trennenden mehr und mehr das Verbindende ins Bewusstsein. Man hat erkannt, wie tief das vierte Evangelium von den geistigen Strömungen des Judentums und ihrer Auseinandersetzung mit der hellenistischen Kultur beeinflusst ist. Wir leben in anderen Kulturen. Verbindungen lassen sich nur schwer herstellen. Umso wichtiger ist es, genau zu hören, was Johannes sagen will, und sich von seinen Worten, Szenen und Bildern berühren zu lassen.

2. Ein Buch für Anfänger und Fortgeschrittene

Das vierte Evangelium ist ursprünglich für Leserinnen und Leser bestimmt, die glauben, dass Jesus der messianische Gottessohn ist. Mit seiner Auswahl aus den «vielen Zeichen, die Jesus getan hat», will es sie dazu bewegen, zum Glauben zu kommen bzw. an ihm festzuhalten (Joh 20,30f.). Die Zeichen eröffnen sozusagen den Zugang zu Jesus und ermöglichen es, ihn als den Christus zu erkennen. Deshalb ist dieses Buch für Anfänger geeignet, die Jesus aus einer Glaubensperspektive kennenlernen wollen. Es bedient sich keiner Sondersprache, die nur Insider verstehen, sondern vermag mit seiner einfachen Sprache und seinen Bildern gerade Aussenstehende «am besten in die christliche Tradition einzuführen» (Thyen 2005, 776). Ein Hindernis für das Verstehen ist dabei allerdings, wenn der neuzeitliche Rationalismus Johannes zu Unrecht eine Kritik am «blossen Zeichenglauben» unterstellt (vgl. Thyen 2005, 396). Dahinter steht die verbreitete Annahme, ein «aufgeklärter» Glaube an Jesus brauche keine Zeichen und Bilder, sondern erfasse den Sinn seiner Reden und Taten durch Nachdenken über ihren eigentlichen Gehalt. Eigenart und Absicht des Johannesevangeliums werden so aber verfehlt. Es leitet seine Adressaten dazu an, in Jesus das Wort Gottes, das Fleisch, also sinnlich wahrnehmbar Mensch geworden ist, zu sehen und mithilfe von Zeichenhandlungen und Sprachbildern die spirituelle Bedeutung seiner Reden und Taten zu erkennen.

In Erzählungen, in den dramatischen Reden Jesu und seinen Ich-bin-Worten begegnen Bilder von archetypischer Kraft, Symbole, die zu denken geben. Während die einen davon unmittelbar angesprochen werden, haben andere genau damit Schwierigkeiten, Johannes auf der symbolischen Ebene zu verstehen. Sie neigen dazu, seine Texte, deren Historizität ihnen bewusst ist, als merkwürdige Zeugnisse frühchristlichen Bewusstseins zu erklären und ihre Glaubwürdigkeit mit Kategorien modernen Weltwissens zu beurteilen. Das vierte Evangelium erschliesst sich am ehesten, wenn man sich von ihm «ins Bild setzen» und sich seine Bilder «einbilden» lässt.

Das Johannesevangelium eignet sich aber auch für Fortgeschrittene, die bereits gewohnt sind, in der Bibel zu lesen. Vor dem Hintergrund der synoptischen Evangelien erzählt es die Geschichte Jesu noch einmal ganz neu. Es bezeugt, dass Gott durch Christus in der Welt sinnlich und körperlich wahrgenommen werden kann. Durch die Glaubensgespräche Jesu zieht es den Leser, die Leserin immer tiefer in ein symbolisches Denken hinein, das dazu herausfordert, sich von alten Denk- und Sehgewohnheiten zu lösen.

Das vierte Evangelium ist intellektuell, insofern es ihm auf «die Durchgeistigung des Glaubens, die Leuchtkraft seines Schauens, die Herrlichkeit der Theophanie» (Timm, 111) ankommt. Es geht ihm «um die absolute Erkenntnis, die das ewige Leben aufschliesst bzw. ist, und diese als eine Erkenntnis ‹im Geist und in der Wahrheit› (4,24)» (Ringleben, 305). Im dritten Teil der «Göttlichen Komödie» ist es nicht zufällig Johannes, der Dante vor dem Aufstieg in die höchste Sphäre des Paradieses auf seine

Liebe prüft: geblendet von seinem Licht, spricht Dante davon, dass die Liebe ihn geläutert habe und sein Herz zu Gott ziehe. In seinem Abschiedsgebet sagt Jesus: «Das aber ist das ewige Leben: dass sie dich, den einzig wahren Gott, erkennen und den, den du gesandt hast, Jesus Christus» (Joh 17,3). Den einen wahren Gott finden, der das Leben «in sich selber» hat (Joh 5,26), heisst für Johannes, ihn als die Liebe finden, die er im Sohn erweist (Joh 3,16), damit auch die Glaubenden das Leben in sich selbst haben können.

Anfänger und Fortgeschrittene können durch das Johannesevangelium erkennen, wer Jesus Christus ist, wenn sie es aus ihrem Leben heraus lesen und dabei auf die Stimme hören, die durch die Schrift zu ihnen spricht. Der niederländische Theologe Arnold Huijgen nennt diese Art des Lesens, die mit Zuhören beginnt, «gläubigen Umgang mit der Bibel».

> Er schreibt, bei allen «Anstrengungen, die Schrift mit der heutigen Wirklichkeit zu verbinden», könne es sein, «dass wir uns auf einer verkehrten Spur befinden. Wo die Schrift nämlich zum Klingen kommt, habe ich überhaupt keine Verbindungen mehr zu legen, sondern klingt Gottes Wort mitten im Leben, im Klanggehäuse von Herz und Seele. Die Stimme des lebendigen Gottes klingt immer in der Schrift. [...] Wenn wir die Bibel nicht mitten im Leben vor Gottes Angesicht lesen, wird sie eine Informationsquelle, ein Studienbuch, ein Fremdenführer voller Wahrheiten, aber sie klingt nicht wie die Stimme des lebendigen Gottes. Es wird dann auch schwierig, die Schrift mit dem Leben zu verbinden» (Huijgen, 17f.).

Glossar

Apokalypse: Enthüllung (griech. *apokalypsis*), Sammelbezeichnung für frühjüdische und frühchristliche Schriften, die Ereignisse der Endzeit ankündigen

Apokryphen, apokryph: jüdische und christliche Schriften, die verborgen (griech. *apókryphos*) wurden und keine Aufnahme in den biblischen Kanon fanden

Archetypen, archetypisch: in der Psychologie C. G. Jungs ursprüngliche Formen und Muster des kollektiven Unbewussten, die in symbolischen Bildern, z. B. in Träumen, Visionen, Kunstwerken, Märchen und Mythen anschaulich werden

Ausserkanonisch: nicht zum Kanon biblischer Schriften gehörig (s. apokryph)

B'rachá: (hebr.) Segensspruch

Christologie: Lehre von Person und Bedeutung Jesu als Christus und Gottessohn

Deuterojesaja: der andere (zweite) Jesaja, dem die Kapitel 40–55 des Jesajabuchs zugeschrieben werden

Doketismus: Ansicht frühchristlicher Gruppen, die nur die göttliche Natur Jesus betont hat. Jesus habe deshalb auch nur zum Schein gelitten und sei auch nur zum Schein gestorben.

Ekklesiologie: Lehre von der Kirche (griech. *ekklesía*)

Eschatologie: Lehre von den letzten Dingen (griech. *eschata*) bzw. von der Endzeit

Gnosis, gnostisch: (griech.) Erkenntnis, Wissen; religionswissenschaftliche Bezeichnung für Lehren und Bewegungen v. a. im frühen Christentum, die eine dualistische Weltsicht vertreten, für die die Wirklichkeit in zwei entgegengesetzte Sphären zerfällt, eine gute und eine schlechte; ihre Anhänger suchen geistige Vollkommenheit und Erlösung aus der materiellen Welt

Hyperbel: (lat.) Übertreibung als rhetorisches Stilmittel

Mandäismus: Buchreligion der Mandäer (von *manda* = Erkenntnis), die jüdische, christliche und gnostische Elemente verbindet; ihre kultische Praxis zielt darauf ab, dass die Seele sich aus dem Körper befreit und in eine reine Lichtwelt aufsteigt

Mekhilta: ein die Gebote betreffender Midrasch zum 2. Buch Mose (Exodus)

Messias: der Gesalbte (von hebr. *maschíach,* griech. *christos*), Titel des Friedenskönigs, der Israel und den Völkern Frieden bringt

Midrasch: Auslegung (von hebr. *darásch* = suchen) biblischer Texte im rabbinischen Judentum

Mythos: traditionelle Erzählung, sagenhafte Geschichte (von Göttern und Menschen), aus moderner Sicht: sinnstiftende Erzählungen, die im kollektiven Gedächtnis bewahrt werden

Mythologie, mythologisch: Gesamtheit der Mythen eines Volks, eines Kulturkreises oder einer Religion und ihre systematische Darstellung

Paradox: (griech. *parádoxos* = gegen die gewöhnliche Meinung, unglaublich), eine Aussage oder Erscheinung, die der allgemeinen Erwartung widerspricht

Paraklet: (griech.) wörtlich: der Herbeigerufene, d. h. Fürsprecher, Beistand, Anwalt; johanneische Bezeichnung des Heiligen Geistes

Passah: (hebr. *Pessach* = Vorübergang), alljährlich im Frühjahr gefeiertes Fest, an dem jüdische Familien sich die Befreiung aus der Sklaverei in Ägypten (vgl. Ex 12) vergegenwärtigen; in der Nacht des ersten Passah tötete der Engel des Herrn alle Erstgeborenen in Ägypten, nur an den Häusern der Israeliten, die durch das Blut des Passahlamms markiert waren, ging er vorüber

Pessach-Haggada: (hebr.) Erzählung, die genaue Handlungsanweisungen für den Vorabend von Pessach (Sederabend) enthält

Qumran: antike Siedlung nordwestlich des Toten Meers, in deren Umgebung seit 1947 Schriftrollen gefunden wurden; die Siedlung wird mit den Essenern in Verbindung gebracht

Schemone Esre: (hebr.) achtzehn; Bezeichnung für das Achtzehnbittengebet, das im jüdischen Gottesdienst das Hauptgebet ist

Septuaginta: Altes Testament auf Griechisch (= LXX)

Synhedrium: latinisierte Bezeichnung für den in der Makkabäerzeit (165–63 v. Chr.) eingeführten Hohen Rat in Jerusalem, eine 71-köpfige Ratsversammlung (hebr. *sanhedrin*), die unter Vorsitz des Hohenpriesters tagte und das höchste jüdische Gericht bildete

Synoptiker: Bezeichnung für die drei ersten Evangelien der christlichen Bibel, Matthäus, Markus und Lukas, in vergleichender Zusammenschau (griech. *synopsis*)

Tabernakel: bezeichnet in der Bibel das transportable Heiligtum (Hütte, Zelt), in dem das Volk Israel auf seiner Wanderschaft durch die Wüste die Gebotstafeln des Mose mitführte

Talmud: (hebr.) Belehrung, Studium; Sammlung schriftlich überlieferter Lehrgespräche der Rabbinen; das bedeutendste Werk ist der Babylonische Talmud

Thora: Weisung, Belehrung; zusammenfassender Ausdruck für die fünf Bücher Mose als ersten Teil der hebräischen Bibel

Weisheit: In weisheitlichen Schriften des Judentums nach 520 v. Chr. wie dem Sprüchebuch, Jesus Sirach und Weisheit Salomos begegnet die Weisheit personifiziert als Frauengestalt (hebr. *chokmáh*, griech. *sophía*).

Literatur

Wichtige frühkirchliche und jüdische Quellen werden mit abgekürztem lateinischem Titel, Kapitel und Seitenzahlen zitiert:

Eusebius von Cäsarea, Kirchengeschichte (Historia ecclesiastica = hist. eccl.)
Irenäus von Lyon, Gegen die Häresien (Adversus haereses = adv. haer.)
Flavius Josephus, Jüdische Altertümer (Antiquitates Judaicae = ant.)
ders., Der Jüdische Krieg (De bello Iudaico = bell.)
ders., Aus meinem Leben (= Vita)
Babylonischer Talmud (zitiert mit ‹b› und dem Namen des jeweiligen Traktats, z. B. bJoma)

Zum Neuen Testament im Allgemeinen

Klaus Berger, Jesus, München 2004
ders., Theologiegeschichte des Urchristentums, Tübingen-Basel ²1995
Wilhelm Bousset, Kyrios Christos. Geschichte des Christusglaubens von den Anfängen des Christentums bis Irenaeus, Göttingen 1913
Raymond E. Brown u.a. (Hg.), Maria im Neuen Testament. Eine ökumenische Untersuchung, Stuttgart 1981
Rudolf Bultmann, Theologie des Neuen Testaments, Tübingen ⁶1968
Amy-Jill Levine and Marc Zvi Brettler (ed.), The Jewish Annotated New Testament. New Revised Standard Version. Bible Translation, New York 2011 (= JANT)

Das Neue Testament. Übersetzt und kommentiert von Ulrich Wilckens, Hamburg ⁴1974

Walter Rebell, Zum neuen Leben berufen. Kommunikative Gemeindepraxis im frühen Christentum, München 1990

Jürgen Roloff, Die Kirche im neuen Testament (NTD Erg. Reihe 10), Göttingen 1993

Jens Schröter/Jürgen K. Zangenberg (Hg.), Texte zur Umwelt des Neuen Testaments, Tübingen ³2013

Hermann Strack/Paul Billerbeck (Hg.), Kommentar zum Neuen Testament aus Talmud und Midrasch. 2. Band: Das Evangelium nach Markus, Lukas und Johannes und die Apostelgeschichte, München 1924

Theologisches Begriffslexikon zum Neuen Testament, hg. von Lothar Coenen u. a., Wuppertal 1971, Sonderausgabe 1993

Carsten Peter Thiede/Matthew d'Ancona, Der Jesus-Papyrus. Die Entdeckung einer Evangelien-Handschrift aus der Zeit der Augenzeugen, Reinbek 1997

ders., Ein Fisch für den Kaiser. Juden, Griechen, Römer: Die Welt des Jesus Christus, München 1998

Zum Johannesevangelium und seiner Wirkungsgeschichte

John Ashton, Understanding the Fourth Gospel, Oxford 1991

Karl Barth, Erklärung des Johannesevangeliums (Karl-Barth-Gesamtausgabe Bd. 9), Zürich ²1999

Klaus Berger, Im Anfang war Johannes, Stuttgart 1997

Johannes Beutler/Anthony Meredith, Art. Johannes-Evangelium (u. Briefe), in: RAC 18 (1998), 646–670

ders., Neue Studien zu den johanneischen Schriften (BBB 167), Bonn 2012

Micha Brumlik, Johannes: Das judenfeindliche Evangelium,, in: Kirche und Israel 4 (1989), 102–113

Rudolf Bultmann, Das Evangelium des Johannes (KEK 2), Göttingen 1941,¹⁹1968

Anselm Grün, Jesus – Tür zum Leben. Das Evangelium des Johannes, Stuttgart/Zürich 2002 = Das grosse Buch der Evangelien. Jesus – Wege zum Leben, Freiburg 2010, 443–593

Martin Hengel, Die johanneische Frage. Ein Lösungsversuch (WUNT 67). Mit einem Beitrag zur Apokalypse von Jörg Frey, Tübingen 1993

Michael Heymel, Christi Himmelfahrt. Johannes 17,20-26, in: Pastoraltheologie 96 (2007), Heft 2, 229-236

Kurt Niederwimmer, Et Verbum caro factum est, in: Quaestiones theologicae. Gesammelte Aufsätze (BZNW 90), hg. von Wilhelm Pratscher und Markus Öhler, Berlin-New York 1998, 196–206

Rainer Hirsch-Luipold, Gott wahrnehmen. Die Sinne im Johannesevangelium (WUNT 374), Tübingen 2017

Michael Labahn, Jesus als Lebensspender (BZNW 98), Berlin/New York 1999

Johannes d'Outrein, Gods Tabernakel Onder De Menschen. Ende De Heerlykheid Des Soons Gods Over Joh. 1, 14. Mitsgaders Het Heilig Sabbath- en Jubel-Jaar, Over Lev. XXV, 1–13 […], Amsterdam 1701

Bargil Pixner, Wege des Messias und Stätten der Urkirche, hg. von Rainer Riesner, Giessen ²1994

Rainer Riesner, Bethanien jenseits des Jordan. Topografie und Theologie im Johannes-Evangelium, Giessen 2002

Joachim Ringleben, Das philosophische Evangelium. Theologische Auslegung des Johannesevangeliums (HUTh 64), Tübingen 2014

John A. T. Robinson, The Priority of John, London 1985

John A. Sanford, Mystical Christianity. A Psychological Commentary on the Gospel of John, New York 1994 ders., Das Johannesevangelium – eine tiefenpsychologische Auslegung, 2 Bde., Teil 1: Kapitel 1–6, München 1997; Teil 2: Kapitel 7–21, München 1998

Bruce E. Schein, Following the Way. The Setting of John's Gospel, Minnesota 1980

Ludger Schenke, Das Johannesevangelium: Einführung – Text – dramatische Gestalt (Urban-Taschenbücher 446), Stuttgart 1992

Adolf Schlatter, Das Evangelium des Johannes, Calw/Stuttgart 1899

Rudolf Schnackenburg, Das Johannesevangelium (HThK 4,1–4), 4 Bde., Freiburg 1965–1984

Johannes Schneider, Das Evangelium nach Johannes (ThHK Sonderband), Berlin ²1978

Udo Schnelle, Das Evangelium nach Johannes (ThHK 4), Leipzig 1998, ⁴2009

Jacobus Schoneveld, Die Thora in Person. Eine Lektüre des Prologs des Johannesevangeliums als Beitrag zu einer Christologie ohne Antisemitismus, in: Kirche und Israel 6 (1991), 40–52

Wilhelm A. Schulze, Das Johannesevangelium im Deutschen Idealismus, in: Zeitschrift für philosophische Forschung 18 (1964), 85–118

Folker Siegert, Das Evangelium des Johannes in seiner ursprünglichen Gestalt. Wiederherstellung und Kommentar, Göttingen 2008

Thomas Söding, Im Anfang war das Wort. Das Johannesevangelium. Skriptum der Vorlesung im Sommersemester 2010, Ruhr Universität Bochum, 122 S.

Ekkehard Stegemann, Die Tragödie der Nähe. Zu den judenfeindlichen Aussagen des Johannesevangeliums, in: Kirche und Israel 4 (1989), 114–122

Heinrich Stirnimann, Johannes (sigma 15), Freiburg/Schweiz 1999

Adolf Sydow, Vorwort, in: Friedrich Schleiermacher, Homilien über das Evangelium des Johannes (1823/24), Sämtliche Werke, Bd. 8, Berlin 1837, VII–X

Hartwig Thyen, Art. Johannesevangelium, in: Theologische Realenzyklopädie = TRE 17 (1988), 200–225

ders., Das Johannesevangelium (HNT 6), Tübingen 2005; korrigiert ²2015

ders., Das Johannesevangelium als literarisches Werk, in: Dietrich Neuhaus (Hg.), Teufelskinder oder Heilsbringer – die Juden im Johannesevangelium, Frankfurt ²1993, 112–132

Hermann Timm, Geist der Liebe. Die Ursprungsgeschichte der religiösen Anthropotheologie (Johannismus), Gütersloh 1978

Ton Veerkamp, Solidarität gegen die Weltordnung. Eine politische Lektüre des Johannesevangeliums über Jesus Messias von ganz Israel, hg. von Helmut Schütz, Giessen 2021

Klaus Wengst, Bedrängte Gemeinde und verherrlichter Christus. Ein Versuch über das Johannesevangelium, Neukirchen 1986; stark erweitert München ⁴1992

ders., Das Johannesevangelium (ThKNT 4,1–2), 2 Bde., Stuttgart 2004/07, bearb. 2019

Claus Westermann, Das Johannesevangelium aus der Sicht des Alten Testaments (Arbeiten zur Theologie, Bd. 77), Stuttgart 1994

Ulrich Wilckens, Das Evangelium nach Johannes (NTD 4), Göttingen ¹⁷1998

Ruben Zimmermann, Christologie der Bilder im Johannesevangelium. Die Christopoetik des vierten Evangeliums unter besonderer Berücksichtigung von Joh 10 (WUNT 171), Tübingen 2004

Weitere Literatur

Hannah Arendt, Wahrheit und Lüge in der Politik, München ²1987

Karl Barth, Kirchliche Dogmatik, Bd. I/2, Zürich 1938; Bd. II/1, Zürich 1940

Karl Böhmer, Erläuterungen zu Arvo Pärts «Passio Domini nostri Jesu Christi secundum Joannem» (2005), in: www.kammermusikfuehrer.de/werke/3459

Anne Duden, Der wunde Punkt im Alphabet, Hamburg 1995

Abraham J. Heschel, The Prophets, 2 Bde., New York 1969/1975

Michael Heymel, Die Johannesoffenbarung heute lesen, Zürich 2018

Arnold Huijgen, Lezen en laten lezen. Gelovig omgaan met de Bijbel, Utrecht 2019

Joris-Karl Huysmans, Die Kreuzigung von Matthaeus Gruenewald, in: Pan 1 (1895), Heft 2, 95-96

Alister McGrath, Der Weg der christlichen Theologie. Eine Einführung, hrsg. von Heinzpeter Hempelmann, Giessen ³2013

Christian Möller, «Das Leben ist erschienen» – Grenzen überschreiten vom Erleben zum Leben, in: Praktische Theologie 35 (2000), Heft 3, 199–209

Walter Mostert, Jesus Christus – Anfänger und Vollender der Kirche. Eine evangelische Lehre von der Kirche, Zürich 2006

Rosemary Ruether, Nächstenliebe und Brudermord. Die theologischen Wurzeln des Antisemitismus, München 1978

Friedrich Schelling, Philosophie der Offenbarung, posthum 1858, 2 Bde., Darmstadt 1983

Silvia Schroer / Thomas Staubli, Die Körpersymbolik der Bibel, Gütersloh ²2005

Lothar Steiger, Erzählter Glaube. Die Evangelien, Gütersloh 1978

ders., Dogmatik im Kirchenjahr: Epiphanias und Vorpassion, Kassel 1982

www.tvz-verlag.ch

Michael Heymel
Die Johannesoffenbarung
heute lesen

T V Z

«Man hat die Offenbarung als Visionsbericht, als Brief, als Drama und als zum geistlichen Widerstand ermutigendes Trostbuch gelesen, und tatsächlich lassen sich Anhaltspunkte für alle diese Lesarten aufweisen. Es ist also angebracht zu fragen, was die Offenbarung zum literarischen Kunstwerk macht.»
Michael Heymel

2018, 140 Seiten, Paperback
mit farbigen Abbildungen
ISBN 978-3-290-18141-3

T V Z

www.tvz-verlag.ch

Klaus Bäumlin
Das Markusevangelium
heute lesen

T V Z

«Und so, durch den Gang und die Dramatik der ganzen Erzählung von Jesus erhält jetzt das Bekenntnis ‹Jesus Christus, der Sohn Gottes› seine Tiefe. Man kann es nicht mehr in feierlicher Abgehobenheit sagen. Wer es nach der Lektüre des Markusevangeliums sagt, sieht die Menschen und ihre Geschichte in einer neuen, umstürzenden Perspektive.»
Klaus Bäumlin

2019, 174 Seiten, Paperback
mit farbigen Abbildungen
ISBN 978-3-290-18237-3

T V Z

Hersteller:

TVZ Theologischer Verlag Zürich AG, Schaffhauserstr. 316, CH-8050 Zürich

info@tvz-verlag.ch

Verantwortlicher in der EU gemäss GPSR:

Brockhaus Kommissionsgeschäft GmbH, Kreidlerstr. 9, DE-70806 Kornwestheim

info@brocom.de

Weitere Informationen bezüglich Produktsicherheit finden Sie unter:

www.tvz-verlag.ch/produktsicherheit